BIM在路上

郭腾峰　等　著

人民交通出版社股份有限公司
北京

图书在版编目(CIP)数据

BIM在路上/郭腾峰等著. —北京：人民交通出版社股份有限公司，2021.4

ISBN 978-7-114-17234-2

Ⅰ.①B… Ⅱ.①郭… Ⅲ.①道路工程—计算机辅助设计—应用软件—文集 Ⅳ.①U412.6-53

中国版本图书馆CIP数据核字(2021)第067326号

BIM zai Lu shang

书　　名：BIM在路上
著 作 者：郭腾峰　等
责任编辑：李　瑞
责任校对：赵媛媛
责任印制：张　凯
出版发行：人民交通出版社股份有限公司
地　　址：(100011)北京市朝阳区安定门外外馆斜街3号
网　　址：http://www.ccpcl.com.cn
销售电话：(010)59757973
总 经 销：人民交通出版社股份有限公司发行部
经　　销：各地新华书店
印　　刷：中国电影出版社印刷厂
开　　本：720×960　1/16
印　　张：11.25
字　　数：141千
版　　次：2021年4月　第1版
印　　次：2021年4月　第1次印刷
书　　号：ISBN 978-7-114-17234-2
定　　价：50.00元

前 言

PREFACE

在计算机和信息技术迅猛发展的今天,任何一个工程勘察设计项目都离不开计算机应用,离不开各类专业 CAD 软件解决方案,从工程外业勘测到方案优化设计、从结构分析到设计绘图……任何一名工程技术人员,都无法想象离开专业 CAD 软件该如何高效完成工程设计任务。

尽管在各专业领域,工程专业 CAD 及相关软件技术是我国交通基础设施发展取得世界瞩目成就的关键性支撑技术之一,但却并未受到各层面应有的关注,一直处于缺少行业管理、缺乏标准引导的状态。

可近年来,BIM 技术却仿佛一夜之间扭转了计算机软件技术在工程行业应用的乾坤。“BIM”及相关的软件技术,仿佛一夜之间成了人人争相研讨的“香饽饽”,成了“神坛”上无所不能的“上上仙”。不仅各类 BIM 研讨会议、宣传展示铺天盖地,而且大中型工程企业几乎都在组建 BIM 中心,引进国外软件平台,开展 BIM 研发与应用。

那么,到底是谁在推动 BIM 理念?BIM 是一项颠覆性技术吗?BIM 与 CAD 是什么关系?与欧美等国家比较,我国道路 BIM 技术发展落后吗?国外软件厂商关于“BIM 最后一公里”的说法靠谱吗?为什么 BIM 应用始终难以突破“两张皮”和“大量翻模”的瓶颈?道路交通行业中 BIM 究竟如何落地呢?

笔者基于长期从事国产道路与交通领域专业CAD和BIM软件开发、服务等工作，陆续编写发表了多篇关于BIM技术在道路与交通行业发展与应用的文章，阐述了个人的观点与认识，现将其汇编出版，希望与对工程CAD和BIM技术感兴趣的人士分享，希望为推动交通行业BIM技术落地应用提供参考。

本书主要为作者的个人观点，不代表任何单位或组织。另外，为了更全面地介绍国内外BIM技术发展现状，本书摘录了JoyBIM的四篇文章（二十—二十三）。文章在摘录前，已经征得原文作者的书面授权。

限于作者的认知水平，书中难免存在错误或不准确的地方，欢迎读者批评指正。

作　者

2020年10月28日

目　录
CONTENTS

一　BIM 算量更精确吗？ …… 001

二　BIM 碰撞检查是“牛刀”还是“鸡肋”？ …… 008

三　BIM 技术是颠覆性的新技术吗？ …… 013

四　BIM 最后一公里，抑或只是一种“忽悠”罢了 …… 020

五　BIM 技术在道路工程应用中面临的困难与挑战 …… 024

六　国内道路 BIM 技术发展落后吗？ …… 029

七　BIM 会取代 CAD 吗？ …… 034

八　如何选择道路 BIM 的三维设计平台？ …… 038

九　BIM 为什么必须从专业 CAD 开始？ …… 045

十　BIM 成功案例与大规模应用之间的距离有多远？ …… 050

十一　工程企业开展 BIM 研发可行吗？ …… 056

十二　关于 BIM 技术给中国工程院院士的一封公开信 …… 063

十三　道路 BIM 必须先模型后剖面吗？——IFC 标准来反驳 …… 069

十四　为什么国外道路 BIM 解决方案难以落地？ …… 076

十五　道路 BIM 技术难以落地应用，如何破局？ …… 084

十六　选择纬地 BIM 解决方案的 8 条理由 …… 094

十七 赴美国进行 BIM 技术培训总结 …… 105
十八 无人机倾斜摄影和实景建模的那些"坑",你踩到了吗? …… 124
十九 "大胆发明"与"审慎创新" …… 134
二十 BIM 杂谈|美国的困惑 …… 140
二十一 BIM 杂谈|技术的制约——人 …… 151
二十二 BIM 杂谈|漫谈 5D …… 155
二十三 何去何从,美国第一批 BIM 人员从业去向 …… 167

一

BIM算量更精确吗?

1. 引言

自从建筑信息模型(BIM)技术在全球工程界风行以来,人们对 BIM 技术在工程建设管理中关于作用和价值的讨论从未间断过。在工程设计阶段,认为“精确算量”(即精确计算工程数量)是 BIM 最重要的实际价值之一。编者将结合道路工程专业的设计特点,谈谈应用 BIM 技术“算量”是否会更精确、更高效。

无论从狭义 BIM 还是广义 BIM 的理念出发,工程 BIM 技术应用首先需建立工程的三维实体模型(图 1-1)。于是,便有了这样的观点:既然已有工程三维实体模型,基于对模型几何体的求解、遍历、检索,再加上分类累加,那么利用 BIM 模型统计的工程数量自然是更为精确的、也有可能是更为高效的。

但事实上,直至今日,在道路工程专业领域,所有宣传大量采用 BIM 技术进行设计的实际工程项目,其工程设计(也包括各类工程量计算)主体仍然是基于成熟的国产专业计算机辅助设计(CAD)软件(如纬地软件等)完成的(表 1-1),并不是采用 BIM 技术设计完成的。

路基土石方数量计算表

表1-1

(项目名称)

桩号	横断面面积(m²)		距离(m)	挖方分类及数量(m³)													填方数量(m³)			利用方数量及调配(m³)							借方数量(m³)及运距(km)		弃方数量(m³)及运距(km)		备注
				总数量	土						石									本桩利用		填缺		挖余		远运利用及纵向调配示意					
					Ⅰ		Ⅱ		Ⅲ		Ⅳ		Ⅴ		Ⅵ																
	挖方	填方			%	数量	%	数量	%	数量	%	数量	%	数量	%	数量	总数量	土	石	土	石	土	石	土	石		土	石	土	石	
1	2	3	5	6	7	8	9	10	11	12	13	14	15	16	17	18	19	20	21	22	23	24	25	26	27	28	29	30	31	32	33
K0+000	10.26	0.00																													
K0+020	0.67	0.37	20.00	109	20	22	60	66	20	22							4	4		4				106							
K0+040	2.17	0.45	20.00	28	20	6	60	17	20	6							8	8		8				20							
K0+060	0.83	0.45	20.00	30	20	6	60	18	20	6							9	9		9				21							
K0+080		1.34	20.00	8	20	2	60	5	20	2							18	18		8		10									
K0+100		1.35	20.00		20		60		20								27	27				27									
K0+120	1.81	0.14	20.00	18	20	4	60	11	20	4							15	15		15				3							
K0+140		1.88	20.00	18	20	4	60	11	20	4							20	20		18		2									
K0+149.01		1.16	9.01		20		60		20								14	14				14									
K0+160		1.47	10.99		20		60		20								14	14				14									
K0+174.01		1.74	14.01		20		60		20								23	23				23									
K0+180		1.89	5.99		20		60		20								11	11				11									
K0+190.55	0.33	1.19	10.55	2	20	0	60	1	20	0							16	16		2		15									平均断面法(一般推荐采用)
K0+200	0.86	0.30	9.45	6	20	1	60	3	20	1							7	7		6		1									
K0+207.10	1.86	0.12	7.10	10	20	2	60	6	20	2							1	1		1				8							
K0+220		1.87	12.90	12	20	2	60	7	20	2							13	13		12		1									
K0+232.10		1.29	12.10		20		60		20								19	19				19									
K0+240		1.23	7.90		20		60		20								10	10				10									
K0+260		0.98	20.00		20		60		20								22	22				22									
K0+280	0.44	0.51	20.00	4	20	1	60	3	20	1							15	15		4		10									
K0+300		0.77	20.00	4	20	1	60	3	20	1							13	13		4		8									
K0+320	5.07	0.05	20.00	51	20	10	60	30	20	10							8	8		8				43							
K0+340		1.02	20.00	51	20	10	60	30	20	10							11	11		11				40							
小计				355		71		213		71							335	335		114		221		241							
累计				355		71		213		71							335	335		114		221		241							

编制：　　　　复核：

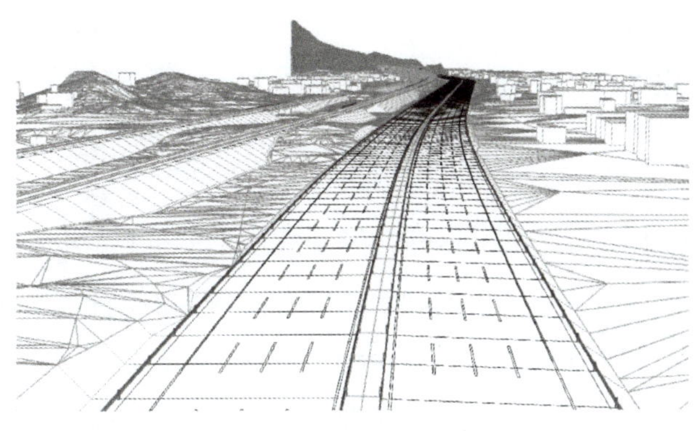

图 1-1　BIM2.0 建模效果(纬地软件)

2. 现有 BIM 模型本身并不完整、并不精确

基于 BIM 模型进行工程算量计算如要非常精确,必须有两个前提条件:第一,BIM 模型必须是完整的;第二,BIM 模型必须是精确的。

但截至今日,无论对于建筑工程、机电工程,还是道路及其附属工程,人们尚没有能力建立一个包括工程项目所有细节的、所有部件的 BIM 模型。例如,在公路工程中,目前还无法建立所有道路、桥梁、涵洞、隧道、交通工程和沿线设施等的所有细节(小到每一颗螺丝钉、细到每一根箍筋)模型。因为,具有如此细节的 BIM 模型,其数据量是"海量级"的,而当前的计算机软、硬件条件还无法对"海量级"的模型数据进行操作处理。

通过调研各行业 BIM 标准发现,BIM 相关标准都会涉及建模精度、深度、颗粒度等内容,即在国际范围内公认的、不可回避的主要内容——对 BIM 模型进行简化或抽简。为什么各行业 BIM 标准都要对 BIM 模型进行简化呢?除了上文提到今天我们的计算机软、硬件条件无法处理"海量数据"之外,另一个方面,从工程应用角度而言,采用 BIM 技术建模没必要细致到每一个螺丝钉和每一根箍筋。

如上所述,既然 BIM 模型本身是不完整的、不精确的,有的工程部件甚至没有建模,那么基于 BIM 模型就无法获得精确的工程数量了。

3. 道路设计原理决定了工程量计算方法不是简单的模型体积

道路工程虽然与建筑工程等均属于大土木的范畴,但是其设计原理、方法,包括工程量计算方法都与建筑工程存在较大的差异。建筑类工程多属于点状工程,而道路、铁路、渠道等工程则属于线状、带状工程。从 BIM 三维建模的角度,建筑工程在大多情况下可被离散为一个个小的规则体模型。因此,一座看似庞大的建筑,其模型可由一个个小的、规则体的单元模型构成。这就是建筑工程 BIM 应用中"族库"概念的来源。基于上述原理,在建立 BIM 模型后,只需要通过软件求解每一个规则体——单元的工程量,就可以通过分类、累加、统计,获得整个建筑工程的工程数量。

但是,道路工程则不同,道路的主体——路基(图 1-2),是完全不规则的三维空间实体。严格地讲,路基断面在每延米上均是不同的,因为原有地面高低不平,且道路的纵坡是不断起伏变化的,就连路基宽度也存在加宽和超高过渡的情况(图 1-3、图 1-4)。因此,道路路基主体的 BIM 模型只能采用分段、逼近的方式构建。国内外道路路基工程土石方工程数量计算的原理和方法都是相同的,即采用近似的棱柱体体积进行计算,而不是求解每一段 BIM 模型的几何体体积。

图 1-2　BIM2.0 路基模型(纬地软件)

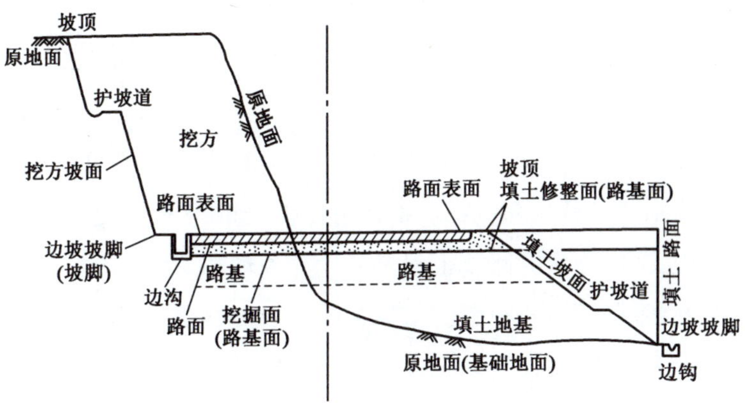

图 1-3　道路横断面组成示意图

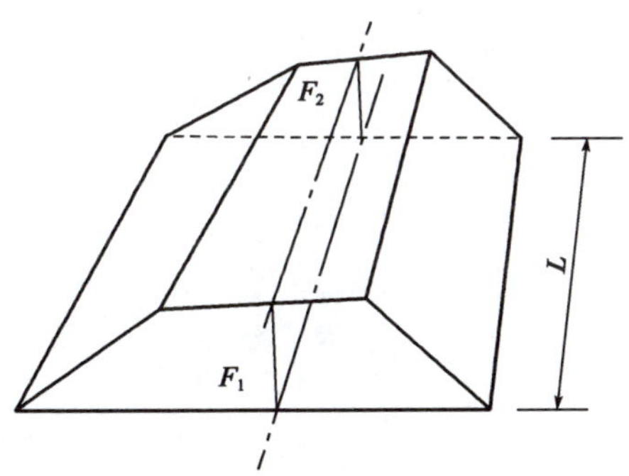

图 1-4　路基工程数量计算原理示意图

基于上述计算原理和方法，如果希望提高路基土石方的计算精度，唯一的途径就是进一步细分每一个路基分段的长度。但是，在利用 BIM 技术建模时，目前无法按照每延米、甚至每毫米的间距去建模，进而计算土石方量。因为会导致 BIM 模型的数量以 10 的倍数级增加。通常在道路勘测设计中，国内外普遍的路基分段长度均采用 10～20 米的间距。

所以，基于 BIM 模型求解空间体积的方式，不适用于道路主体工程——路基工程的工程量计算。

4. 道路里程并非 BIM 模型中道路的空间几何长度

曾有某设计单位的 BIM 中心向笔者反馈：你们纬地软件计算的工程

量数量是错误的，而且连公路的里程(数)也可能存在问题。

经笔者团队详细核对、调查发现，原来该单位 BIM 中心对照一段公路的设计图纸，以“翻模”方式构建了该路段的 BIM 模型，并且对该路段的路基工程数量等进行了校核。他们以分段 BIM 模型空间体积累加的方式来计算路基工程数量，并以路基 BIM 模型的空间长度累加值，校核道路的里程长度，与实际路基工程量的计算原理和方法不符。

根据道路设计原理，道路的里程长度(铁路)并不是道路三维实体模型的空间长度(或斜长)，而是道路中心线在水平面上的投影长度(图 1-5、图 1-6)。在道路、铁路等工程设计中，各专业设计和定位控制均是以里程长度(里程桩号)作为主要参数和参照对象的。

图 1-5　路基施工现场照片

图 1-6　BIM2.0 道路建模成果(纬地软件)

5. 专业 CAD 算量已经很高效

从十多年前开始,无论大型专业勘察设计企业,还是中小型甚至是县乡一级的交通局、养路段等单位,在各类规模的道路勘察设计项目中,对于道路路基、桥涵、隧道、支挡构造物,乃至交通工程及沿线设施,都已经普遍采用了纬地软件等专业 CAD 软件进行设计。在各分项或专业设计任务完成时,工程师只需输入一个菜单命令,几秒钟内软件便会自动统计并输出各类工程数量。也就是说,CAD 软件输出工程量和图表成果的效率、精度,均已是处于非常好的状态了。

所以,笔者认为,讨论 BIM 技术的价值和优势,要基于当前的技术现状。

6. 结语

综上所述,在道路工程专业领域,基于 BIM 模型进行工程量统计计算,无论是准确性,还是统计效率,与当前的三维 CAD 方式比较,都没有明显的优势。

二

BIM碰撞检查是“牛刀”还是“鸡肋”？

1. 引言——什么是“BIM 碰撞检查”？

在讨论工程领域 BIM 应用价值时，优先提到的是“精确算量”和“碰撞检查”。在本文中，笔者结合道路工程专业特点，对“BIM 碰撞检查”的价值和意义进行讨论。

所谓“BIM 碰撞检查”，就是以 BIM 模型为基础环境，通过直观、可视化的方式，或者特定的检查不同分类或属性的模型部件之间相互“交切”的软件功能，发现工程设计、施工等过程中可能存在的工程结构或设施在空间位置上相互冲突、碰撞、打架等现象。例如：一根钢筋与另一根钢筋在同一空间位置上交叉、消防管道与空调管道在同一位置打架等情况。此类“碰撞”问题的实质就是工程设计、施工过程中大家常说的“差错漏碰”等问题。

2. 就复杂工程的某些应用点而言，BIM 技术或真是“牛刀”

在建立了工程部件的 BIM 模型之后，通过三维视角，确实可以更直观地发现或识别各类“碰撞、打架”的问题。例如，可以从三维视角直观地发现两种不同管线交叉的现象。尤其是在超高层建筑或异形工程及结构中，这一问题可能会比较突出。因为在复杂、异形工程中，很多结构、部件、管线等同时布置在同一个空间内，有时甚至很难通过常规的“工程三视图”方式来表达其结构关系。

例如，笔者等曾参观调研中国第一高楼——上海中心。由于该楼宇整体属于旋转体结构，致使其外玻璃幕墙上每一块玻璃的尺寸均不相同。玻璃幕墙上每一片玻璃从加工、剪裁，到编号、定位和高效安装，BIM 技术和 BIM 碰撞检查等发挥了不可或缺的作用。在该项目的这个应用点上，将 BIM 技术称之为“牛刀”也不为过。但是，上海中心在其他专业方向上的 BIM 应用，更多的仅是探索和尝试性质，而且很多分项工程的 BIM 应用均明显滞后于工程施工进度。

3. 对常规道路工程而言，BIM 技术或只是“鸡肋”

对于道路（公路）工程及其相关的构造物，通常采用的是常规、普通的结构形式。尽管类似钢筋打架等“差错漏碰”性质的问题肯定是存在的，但却并不像复杂、异形或超高层建筑等那样频繁发生。

在现场调研中，不论是设计，还是施工阶段，很多工程师对钢筋打架等问题显得不以为然，对采用 BIM 碰撞检查去发现“钢筋打架”，更是觉得没有必要。首先，对于墩、柱、台、梁、板等结构，在设计环节中布置钢筋的首要原则就包括——避免钢筋打架；其次，在施工阶段，有实践经验的施工人员，可通过现场搭接、弯头等灵活处理“钢筋打架”问题。

因此,对于道路工程,通过大量翻模去实现所谓“BIM 碰撞检查”,恐怕只是入不敷出的“鸡肋”罢了。

4. 工程“差错漏碰”问题仍需依靠质量管理体系

今天,在全国各级勘察设计企业中,均很早就实施了质量控制与管理体系,如 ISO 9000 系列等(图 2-1)。在很多勘察设计单位中,还普遍采用“两校三审”的设计成果校核与审查制度。而实施质量控制与管理体系的最终目的,就是发现并消除工程设计、建设中的各类“差、错、漏、碰”等问题。实施“过程控制”(或称为“过程管理”)才是工程质量管理体系的核心所在。

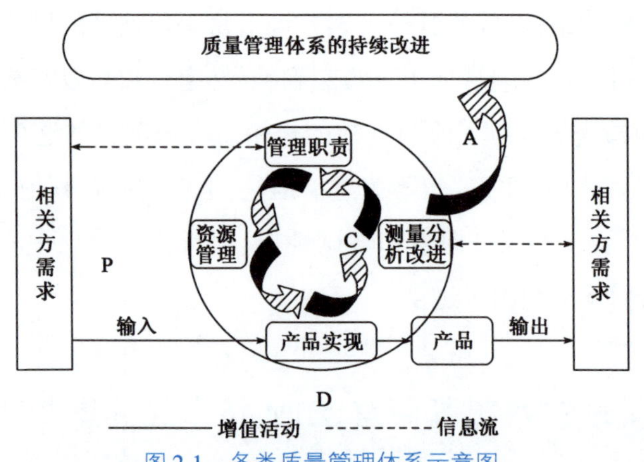

图 2-1　各类质量管理体系示意图

笔者认为,对于道路工程,如果有条件,基于 BIM 技术可以进行“碰撞检查”,但是,却不必过分夸大其作用和价值。毕竟“碰撞与打架”类的问题,只是“差、错、漏、碰”问题中的一小部分,还有很多问题并不能通过“BIM 碰撞检查”解决。例如:道路路面、支挡防护工程、桥隧构造物等结构设计与分析计算等方面可能存在的错误或问题;对于设计与建设中那些没有采用 BIM 建模的工程内容等。

因此,工程企业要系统性解决和消除“差、错、漏、碰”等质量问题,质量控制与管理体系才是更有效、更成熟的解决方案。

此外，在今天的道路工程中，大多数单位在应用BIM技术时都还处于“两张皮”的状态，从事BIM技术应用的团队，往往都由非工程专业的人员构成。现在通过BIM技术检查工程设计质量问题，其本质是由非专业人员去发现专业人员设计中的问题——这本来就是一件不严谨、难以理解的事情。

5. BIM技术应用不能生搬硬套，更不能人云亦云

那么，在“工程算量”“碰撞检查”之外，基于BIM模型，是否还有更具价值的应用呢？笔者的回答是肯定的。

在道路设计中，视距是保证公路行车安全最关键的要素和指标。但是，由于公路是不规则空间实体，驾驶员的视线不仅受到公路自身几何条件的限制，而且受到路侧边坡、构筑物、跨线桥梁，以及护栏、标志牌等的影响，导致以往仅仅从道路平面或纵断面二维层面检查的视距不准确。但是如果通过构建公路主体BIM模型，再创建路域环境及相关设施的BIM模型，然后基于道路空间视距检测原理（图2-2），开发专用的视线遮挡影响模型和计算分析软件功能，就可以精确检查任意桩号、任意车道的空间视距（即三维空间视距）条件，进而就能更准确地分析并找出遮挡和影响视距的具体因素。

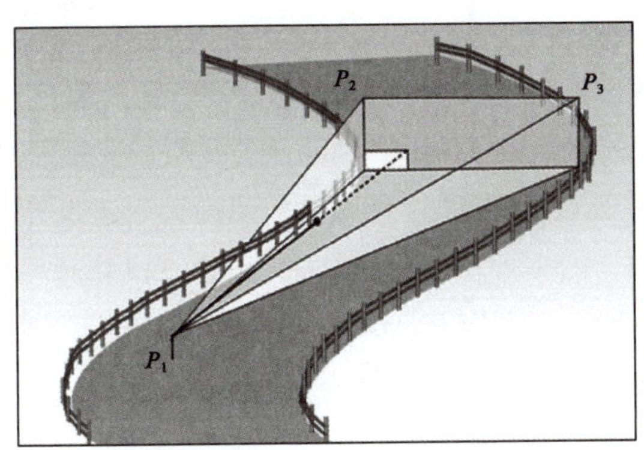

图2-2　道路空间视距检测原理图示

而国产纬地软件已具备了此项功能。在纬地软件 BIM2.0 解决方案中,不仅实现了多专业 BIM 自动建模,而且还结合道路工程设计原理和专业需求,实现了公路运行速度预测分析、空间视距检测检验(图 2-3)、对向行车眩光影响分析,以及对高速行车稳定性与超高设计进行检验等专业性的仿真分析功能。

图 2-3　基于 BIM 开展公路视距检验分析(纬地软件)

在道路工程设计阶段,上述基于 BIM 模型进行与交通安全相关的检验、分析和评价应用,直接关系到公路设计与建设方案的合理性、公路行车的安全性等,与“BIM 碰撞检查”相比较,专业性更强、研发难度更高,对工程的实际价值和意义也更大。

6. 结语

笔者认为,由于道路工程的专业特点和主要采用常规结构的情况,“BIM 碰撞检查”等在其实际工程中的应用价值是非常有限的。但是,若摒弃对国外软件的盲从心理,避免简单地照搬套用建筑等行业的思路,把 BIM 技术与道路工程专业更紧密地结合,必然可以超越“碰撞检查”等浅表层次的应用,发现 BIM 技术更多、更有价值的应用点。

三

BIM技术是颠覆性的新技术吗?

1. 引言

一段时间以来,在各种场合、媒体上,常常能听到这样的论断:BIM 是继工程设计甩掉图板、CAD 技术之后的又一次里程碑式的技术变革;BIM 不仅会引起工程设计变革,而且会颠覆工程设计、建设与管理等的模式;对 BIM 理念和技术的解读也在不断地延伸,从建筑信息模型的 BIM,到建筑信息管理的 BIM……

渐渐地,很多人都认为 BIM 是一项全新的新技术,是一项与现有三维 CAD 等技术完全割裂的、全新的技术。加上国外软件厂商对 BIM“理念营销策略”、不实宣传和各类良莠不齐的 BIM 大赛炒作,导致出现了“只有国外软件才是真 BIM”“凡是国产的、以 CAD 为基础的软件,都是假 BIM”的论断。本文中笔者将结合一些调查分析,讨论 BIM 技术是否属于颠覆性的新技术。

2. BIM 技术不是什么新技术

笔者通过调查和对比当前所有国内外 BIM 软件厂商提供的 BIM 软件解决方案的具体内容发现，无论是代表国际水准的国外大型工程软件厂商的 BIM“套餐”，还是国内自主研发的专业 BIM 解决方案，今天工程 BIM 技术的主体仍然是适合不同阶段、不同专业应用的软件技术，而且，这些软件早在 BIM 概念被大众关注之前就已经市场化了。

例如：目前，在国内外市场上的几家大型软件厂商，包括欧特克、奔特力，还有达索等，在他们今天提供给用户的 BIM 解决方案中，其主要的、核心的软件产品均是已经在市场上推广和应用数十年以上的软件产品。其中三维设计与建模技术等，也是早在十余年前就已经主体推出过的软件技术。以在国内道路交通领域应用比较广泛的国产纬地软件来说，道路三维自动建模功能也早在 2006 年就已经正式发布(图 3-1 ~ 图 3-6)。

图 3-1　BIM2.0 模拟驾驶(纬地软件)

Revit——今天被誉为建筑工程领域的 BIM 代名词。该软件是 2000 年左右欧特克公司从另一家公司收购的一款适合建筑类工程的建模软件。之后很多年，该软件一直名不见经传，因为对于建筑设计而言，匈牙利 Graphisoft 公司的 ArchiCAD 软件更贴合建筑设计专业特点，甚至在国内市场,PKPM 等软件更为便捷实用。如果单纯为了三维建模,很多人认为 3DMAX 软件更为实用,无论是快速建模,还是精细化渲染效果,Revit 都望尘莫及。

图 3-2　BIM2.0 三维空间视距分析(纬地软件)

图 3-3　BIM2.0 标志、标线合理性分析(纬地软件)

Civil 3D——欧特克公司在 2003 年左右就已经发布的软件产品。当年,欧特克公司不满足仅仅发展 CAD 平台,还希望通过该产品深入土木工程各细分的专业领域,从而取代包括国内纬地、鸿业等专业软件。

PowerCivil——奔特力公司在数十年前收购的 Inroads 软件的基础上,集成其他几款同类软件的改进版本。而今天的 Openroads,是对 PowerCivil 进行了重新包装并改换了名称。

图 3-4　BIM2.0 复杂道路模型(纬地软件)

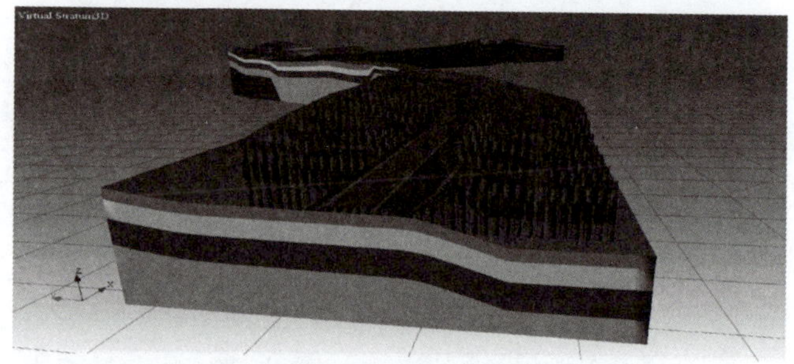

图 3-5　BIM2.0 三维地质模型(纬地软件)

图 3-6　BIM2.0 眩光影响分析(纬地软件)

作为欧特克和奔特力公司的核心产品,Civil 3D 和 Openroads 软件,在国内外市场推广已有近 20 年的时间。也就是说,这两款具备道路几何设计功能的软件,在国内市场中已经和纬地软件等国产软件竞争大约20 年的时间了。但目前在国内公路、市政道路、铁路等建设项目中,几乎找不到一个完全采用 Civil 3D 或 Openroads 设计的项目案例。(注:这里指的是实际工程专业设计应用,而不是翻模性质的 BIM 应用。)

至于达索公司的 CATIA 软件,也是在国际市场上发展数十年以上的产品了。尽管其具有强大的三维建模能力,但是其研发和产品定位,主要在于工业设计与建模,与土木工程并不怎么沾边。在道路工程中直接应用 CATIA 软件,其性质与 Revit 相同,主要是建模、翻模,而不是设计。CATIA 软件并不适用于“带状”的土木工程设计任务。

3. BIM 技术更不是什么颠覆性技术

科学技术发展的客观规律说明,任何新技术必然是在既有技术的基础上发展的。就 BIM 技术而言,其核心依然是软件技术,而软件技术的发展更是离不开既有软件技术的基础。正因为如此,在现代计算机软件工程中,“类、继承、派生、重载”等才是软件工程师们每天面对和研究的主要内容。

上文中对国内外 BIM 核心应用软件的调查表明,BIM 技术绝不应该是一项所谓全新的、“颠覆性的”技术,只是在现有三维建模、三维仿真等技术基础上的集成、延伸和再发展。同时,BIM 技术绝对不是一项全新的、与既有技术完全割裂的新技术。就工程勘察设计阶段的 BIM 正向设计技术而言,也必然是现有工程三维 CAD 设计技术的延伸与发展。只是今天,BIM 理念更加强调模型的信息关联性和以 BIM 模型为载体实现信息数据在工程不同阶段的传递性罢了。

4. 面对 BIM 愿景，当下的支撑条件太少

2016 年，交通运输部组织开展了全国公路与水运行业 BIM 技术现状的调研活动。根据相关调研和总结，包括调研获得的铁路总公司、建设部等相关专家在 BIM 标准、BIM 应用技术方面的实践经验和认识，无论是建筑工程，还是道路与铁路等工程，在工程全生命周期内全面应用 BIM 技术，尚存在诸多方面的技术瓶颈，而且很多技术瓶颈在短时间内难以突破。

例如：计算机软硬件的处理速度和容量、网络数据传输的速度等，还难以满足海量 BIM 模型应用、数据处理的需求；无论是建筑工程、水电与电气工程，或者道路、铁路等交通工程，都是少则十几个专业，多则二、三十个专业的集成体，而国内外厂商提供的 BIM 解决方案，却只能提供少数几个专业的；各专业领域基于 BIM 核心的设计与建模软件技术，还有很大的差距；很多专业领域根本没有工程 BIM 正向设计的软件产品和技术支撑条件，还只是简单、重复性的“翻模”与“动画”；BIM 与网络、通信等相关技术的集成还有待发展。

在本书的后续，您也可以了解美国公路行业的 BIM 技术应用情况。

5. 关于“BIM 设计院”的讨论

目前有一种说法，今后的设计院要从“Autocad 设计院”，进化到“BIM 设计院”了，笔者对此不能认同。“BIM 设计院”要实现，不论软件是针对哪种品牌、国内或是国外，或者是很多软件集合形成的解决方案，最关键的是要有能够支持各行业 BIM 设计的软件条件。而今天，即便是大家都认为发展较早、较快的建筑行业，还没有真正能够实现 BIM 理念所倡导的全专业、协同化的工程正向软件解决方案。没有软件支撑，又如何实现“BIM 设计院”呢？

6. 结语

当今工程界每个人似乎都对 BIM 有不同的认识,都认为自己看到了 BIM 的另一面,而且越是宏观的管理者,对 BIM 应用的描述越是天马行空,言之凿凿;反倒是具体的探索应用者,对 BIM 的价值越是心里没谱。当讨论如何改变 BIM 在设计阶段落地应用的“两张皮”现状时,有人说你思想太局限,BIM 的应用重点在于指导施工和工程建设;而当你探讨 BIM “施工模拟”“碰撞检查”对常规性工程施工的实际意义时,有人却说,对于工程项目而言,设计和建设期只有短短的几年,BIM 更主要的应用价值在于运维管养阶段;当你讨论今天 BIM 成果交付后,到底有哪个主管部门、哪个运维企业具备 BIM 成果再利用的技术条件时,有人却说 BIM 不是具体的技术,而是一种工程建设管理的模式和理念!

笔者一直是 BIM 技术发展的支持者和践行者!但是,笔者认为,从工程设计、建设与管理等应用角度,无论站在行业高度,还是俯身到一家勘察设计企业的具体应用层面,对 BIM 技术与发展宜坚持“积极而谨慎”的态度,既要及时跟进技术发展,适时探索多专业领域应用,又不宜对 BIM 技术给予过快、过高的期待。

四

BIM最后一公里，抑或只是一种“忽悠”罢了

1. 引言——什么是“BIM 最后一公里”？

近年来，在道路工程行业，经常有“BIM 最后一公里”的提法。到底什么是“最后一公里”呢？原来，有国外 BIM 软件解决方案在落地应用中发现存在一些关键性功能缺陷，例如：不能绘制输出符合国内工程设计要求的图表成果等。于是，有国外软件厂商提出了“BIM 最后一公里”的说法，即由用户结合自身应用需求，通过二次开发方式自行弥补这些功能缺陷。有人甚至宣称，这样可以支撑国内工程企业“抢占 BIM 技术高点，掌握核心技术，实现弯道超车”。事情果真如此吗？

2. 只差“最后一公里”吗？

对于一项专业技术研发类的任务而言，“最后一公里”的提法包含了如下信息：首先，关键性的技术问题都已经解决，后续二次开发只是工作

量层面的事情；其次，从研发工作总量而言，只剩下10%左右收尾性工作，90%以上的事情已经完成。可实际情况到底是怎么样的呢？为此，先了解国外BIM解决方案，看看到底还缺少些什么吧。

- 缺少多专业设计功能

道路工程设计包含道路几何线形、路基路面、支挡防护、桥涵、隧道、土方、交通工程、安全设施、排水、工程地质、安全分析等数十个专业。但目前国外BIM软件解决方案实际上最多只有1、2项专业设计功能，有的甚至根本不具备任何与道路工程相关的专业设计功能。也就是说，对实现多专业工程设计的目标而言，国外BIM软件厂商尚缺少多个专业方向的设计功能。

- 不能输出设计成果图纸

国外BIM软件不能输出符合国内专业设计规范要求的成果图纸。

首先，国外工程设计咨询企业的工作深度，只相当于国内的初步设计阶段。最终的、指导现场施工的详细设计图纸，由施工或总承包企业自行完成，而非由工程设计咨询单位完成。

其次，在国外工程设计企业中，专业人员分工比国内更细。专业工程师只负责宏观性的设计事项，详细设计图纸绘制等工作则交由绘图员来完成。而在国内，尤其是道路工程行业中，工程师不但负责工程大的方案设计，而且还要负责绘制输出最终的详细成果图纸。

再者，虽然世界各国道路工程设计原理和方法是大致相同的，但不同的国家和地区由于标准规范、语言环境、设计习惯等差异，同样的道路与交通工程设计项目，在设计成果表达形式方面存在较大的差异。

正是由于上述差异，导致国外工程设计软件一般只重点关注主体工程设计，在附属专业设计、图纸成果自动输出、工程数量自动统计方面，与国内设计软件有巨大差别。即使今天，在欧美等设计企业中，图纸绘制、详细标注、排版打印等内容，仍然主要依靠绘图员手工完成。而在国内的项目中，专业设计软件自动化绘图的比例普遍能达到90%以上。

3. 二次开发能做些什么？

在明确了国外 BIM 软件解决方案“缺什么”之后，我们再来讨论二次开发能做些什么，看看能否弥补缺少的设计功能。

据笔者了解，目前在国外 BIM 软件解决方案基础上，二次开发主要集中在两个方面：一是根据国内工程设计规范要求，二次开发设计成果图表绘制输出的相关功能；二是为了 BIM 应用需求，二次开发一些参数化的 BIM 翻模工具。在一些单位引进国外 BIM 软件多年之后，为什么至今没有通过二次开发，实现桥涵、隧道、交通工程、安全设施、支挡防护工程等专业设计功能，弥补国外 BIM 软件关键缺陷呢？因为，开发的难度太大，需要的周期太长。

工程专业软件开发之所以困难，关键在于“跨界”。开发者不仅仅要掌握最新的软件开发技术，而且还需要懂得工程专业知识、具备丰富的实际工程设计经验，更需要掌握各工程专业的设计需求、设计习惯、工作过程。任何一款成熟、能够落地实际工程应用的专业软件，必然会经历从雏形、到过渡、完善的过程。一款成熟的专业设计软件落地应用，一般需要 3 ~ 5 年以上的时间周期。

因此，笔者认为，通过二次开发方式难以弥补国外 BIM 软件在多专业设计功能方面的缺陷。

4. 一公里，还是十公里？

通常，一套完整的工程专业设计软件开发，大致包括数据处理、交互界面、计算分析和成果输出等几大部分。而其中核心算法、数学模型等一般仅仅占到代码总量的 10% ~ 20%，其余 80% 以上的代码工作量是进行数据处理、交互界面、成果输出等部分。在代码总量上，仅设计成果输出部分往往超过核心算法和数学模型等部分。

因为，让软件自动输出符合专业习惯和相关标准的图纸，不仅工程设计所需要的图纸类别多、数量大，而且即便是图纸中的某一项尺寸标注功能，都需要开发者编写大量的代码。如：判断图纸比例、选择标注的样式、判定标注恰当的位置、选择字体高度，等等。

所以，仅仅二次开发图表成果绘制模块，其代码总量也绝对不是一般理解层面的“最后一公里”！何况还要二次开发一些参数化的翻模工具，更何况还期望实现多专业 BIM 正向设计的目标呢。

5. 二次开发能掌握 BIM 核心技术吗？

尽管一些国内工程设计单位购置国外 BIM 软件、成立 BIM 中心时，都可能有“掌握 BIM 核心技术”，甚至“实现弯道超车”的目标，但结合长期从事工程软件技术研发、加之与一些国际软件厂商的合作经历，笔者认为：

利用计算机软件解决工程问题，最关键的是如何贴合专业需求，找到利用软件解决工程问题的方法、途径和模式，而二次开发所涉及的软件技术只是浅表层次的。以往的一些事实说明，当二次开发者在某国外 BIM 软件基础上，探索成功 BIM 落地应用中的一些瓶颈问题之后，国外软件厂商便可轻而易举地复制这些技术路径，进而取而代之。

因此，通过类似浅表层次的二次开发解决部分工程问题、弥补国外 BIM 软件在成果表达等方面缺陷可能是实际的、有效的，是有价值的，尤其对国外 BIM 软件厂商而言；但希望通过浅表层次的二次开发，掌握 BIM 核心技术，恐怕只能是一厢情愿的美好想法罢了。

五

BIM技术在道路工程应用中面临的困难与挑战

1. 引言

在前面的文章中，笔者对目前国内道路交通行业中 BIM 技术发展中的一些现象、问题，进行了分析讨论，阐述了一些个人观点和认识。

美国道路交通行业中 BIM 应用也处于探索阶段，并且美国道路交通专业似乎对 BIM 技术“不怎么上心”，而且在建筑工程等领域适用的软件和技术，却不能适用于道路（公路）工程。

本文笔者拟结合相关研发与探索实践，从道路工程基本原理和专业特点等切入，对道路交通行业 BIM 技术研发与应用面临的问题与挑战进行分析。进而结合工程设计核心任务和软件技术发展现状，分析讨论如何选择 BIM 平台，阐述笔者对我国道路交通行业 BIM 技术研发与应用技术路径的认识。

BIM 理念和技术应该是适用于各类土木工程及设施的，但笔者结合 BIM 技术研发与应用实践发现，由于道路（公路）工程与建筑类工程相比，具有显著不同的专业特点，道路工程 BIM 技术的研发与应用面临着问题和挑战。

2. 道路(公路)具有“量大、面广、线长”的线性工程的典型特征

与房屋建筑类工程相比，道路(公路)和铁路等工程属于典型的线性、带状工程，而建筑则属于点状工程。由于这一差异性，使得道路和铁路工程项目在 BIM 技术应用实践中必然面临以下问题和挑战。

(1)道路(公路)工程项目在规划设计阶段，存在长距离、大范围、不规则的数字地面模型，而建筑类工程所涉及的地表模型的面积不过几个平方公里，甚至可以简化采用一个“空间实体面”来代表。

(2)道路工程项目存在长大范围的地质三维模型和数据。相对公路和铁路的几十公里或者上百公里而言，建筑工程地质模型的范围和空间均是非常小的。

(3)道路工程项目必须和大范围的地理空间位置信息关联，而建筑的空间关系往往可以表达为一个点位。

如果暂不考虑道路主体及其结构物(铁路工程主体及其结构物)应建的模型和对应数据量的大小时，仅仅以上 3 方面问题，就已经决定了公路和铁路项目的 BIM 模型和数据量是建筑类工程难以比较的，尤其是与地质相关的 BIM 模型。

据笔者等测试了解，目前无论国外哪家公司的 BIM 平台软件，均难以应对和处理大范围复杂地形、地质条件下道路与构造物等的混合模型。以 Revit、Civil 3D 等软件为例，仅读取如此大体量的 BIM 模型数据就已经不可能，更不用讨论基于 BIM 进行哪些应用了。

3. 道路(公路)工程主体 BIM 模型是不规则的

建筑工程的主体模型绝大部分可以离散为细小的、相对规则的，或者

标准化的部件或单元模型。例如：房屋内的墙壁、门窗等结构，均可以细分离散为小的长方体、圆柱体、圆锥体、圆管等。正是源于建筑工程的这一特征，建筑工程在 BIM 实现方面，才会总体采用“族库”和“搭积木”的方式实现。在国际上研究编制的建筑工程 BIM 标准中，有部分内容就是在固化和规范“族库”，包括“族库”从创建、积累到标准化的过程。在建筑工程 BIM 应用中，最终所有复杂的建筑结构，都会通过众多细小的族库部件来拼装形成。

而道路（公路）工程则截然不同。道路工程 BIM 模型是不规则的，不能被离散成小的规则体部件。具体说明见上文《BIM 算量更精确吗》。

4. 道路工程基础设计原理是对空间工程实体的抽简，建筑工程则不同

尽管所有工程的设计原理，均不同程度存在对实体工程进行抽简的情况，但是对于道路工程，其基础设计原理则存在显著的差异性。例如：道路的平面几何线形虽然主体由直线、圆曲线和回旋线组成，但这一平面线形是道路在水平面上进行投影之后的效果，并非道路空间实体的实际线形。道路的里程是依据其水平投影之后的平面线形的长度确定的，这一里程长度并没有考虑其在高程上引起的斜长和距离变化。道路的纵断面是将弯曲的道路平面拉直，在立面展开之后再投影的效果；道路纵断面的几何线形主体由直线和二次抛物线组成，也不是道路在空间的实际线形元素。道路由于每延米上的横断面都不同，但又不可能针对每延米或者每厘米进行横断面设计，所以，道路横断面是按照每 20 米或者每 10 米采集一个横断面进行设计控制的。

由上可知，道路（公路）工程基础设计原理是基于对道路空间实体的不同角度的抽简为前提的，与建筑工程不同。建筑工程较少存在如此多方位抽简的情况。

5. 设计原理不同，导致 BIM 实现路径也不同

道路工程的基础设计原理，决定了道路的平面、纵断面和横断面，并不是建筑工程所采用的特定方向（一般为法线方向上）的直剖面，而是特定条件下的二维投影面。其中道路平面线形是道路中线在水平面上的投影线；道路的纵断面则是将公路立面线形竖向拉直后的二维投影面。

上述差异，导致道路工程难以像建筑物、机械产品那样在设计核心上，可以先设计三维模型，后采用剖面方式，获得平、纵、横（或顶、立、侧面）的剖面设计图纸成果。因而，无论开发和应用道路三维设计软件技术在具体操作过程中，如何实时或者交互式展示道路三维立体模型，但其核心都是先有平、纵面几何线形，后生成三维模型。如果像建筑物或机械一样，先在空间中建立一个道路的立体模型，该模型投影到水平面和立面上之后，就无法符合道路几何线形元素和条件。如果不符合道路基本的平、纵面元素条件，这个实体模型就不可能成为一条"道路"了。

所以，道路不能简单地通过对实体模型的直面剖切来获得平、纵、横的剖面图纸成果；建筑类、机械制造等工程中采用的先设计工程模型，再对其进行剖切生成图纸的原理和方法，也就无法适用于公路工程。

6. 建筑 BIM 软件和技术，不能适用于道路（公路）工程

由于道路工程具有不同的专业特点，道路 BIM 技术面临着不同于建筑工程等领域的问题和挑战，导致道路工程 BIM 实现的技术路径也不同于建筑工程；而技术路径不同，必然导致在建筑工程领域采用的 BIM 技术与软件，也难以适用于道路工程。

对于这一结论，欧特克和奔特力等大型软件供应商对公路行业所提供的解决方案，可以用来佐证。这些厂商提供给道路行业的 BIM 解决方

案,是不同于建筑类工程行业的。例如:欧特克公司对建筑工程类方向的BIM解决方案的主体是Revit软件,而对于公路工程行业,则主体是Civil 3D软件。欧特克明确认为,Revit适用于建筑类工程,但并不适用于道路工程领域。

7. 结语

综上所述,由于道路与建筑等工程的基础设计原理、特点差异,道路工程BIM技术面临着不同的困难和挑战;因此,道路BIM实现的技术路径与建筑等工程不同,其研发与应用的软件和技术也是不完全相同的。当认识并掌握这些客观情况之后,可知:

为什么在建筑领域应用较好的BIM软件,却不适用于道路工程;为什么同为土木工程,道路(公路)工程却不能照搬建筑工程BIM的解决方案、技术路径、软件技术,甚至BIM标准;为什么有道路设计企业引进了国外BIM软件解决方案,但却仍然需要大量人工进行“翻模”,除了翻模和演示,难以在实际工程设计任务中得以广泛应用。

国内道路BIM技术发展落后吗？

1. 引言

当人们阅读各类科研性材料时，不论在哪个专业和领域，往往都需要对国内外相关技术发展现状进行综述。而许多综述中都会写道："在某某领域，我国取得一定的进步，但总体与欧美发达国家存在一定的差距。"最近，笔者就注意到关于道路 BIM 技术的一份材料中，也出现了这样的内容。该材料认为我国道路 BIM 的发展落后于美国等发达国家。笔者不认同这一观点（图 6-1）。

2. 道路 BIM——美国与中国一样处于起步、探索和尝试阶段

2016 年，交通运输部组织对美国道路交通行业 BIM 技术发展与应用的调研活动。该调研报告显示，美国对 BIM 技术标准体系等的研究，总

体是早于中国国内相关行业的；美国 BIM 仍处于起步阶段，而且很多人认为 BIM 并不会引起行业颠覆性变化……但更让人大跌眼镜的是：美国道路交通行业的许多工程咨询、建设企业，对 BIM 的应用较少，对 BIM 的关注度明显低于国内。而且，对 BIM 应用价值的认识，有美国机构甚至停留在只是“有助于更好地向公众展示项目建设方案，提高沟通效果”的层面上。

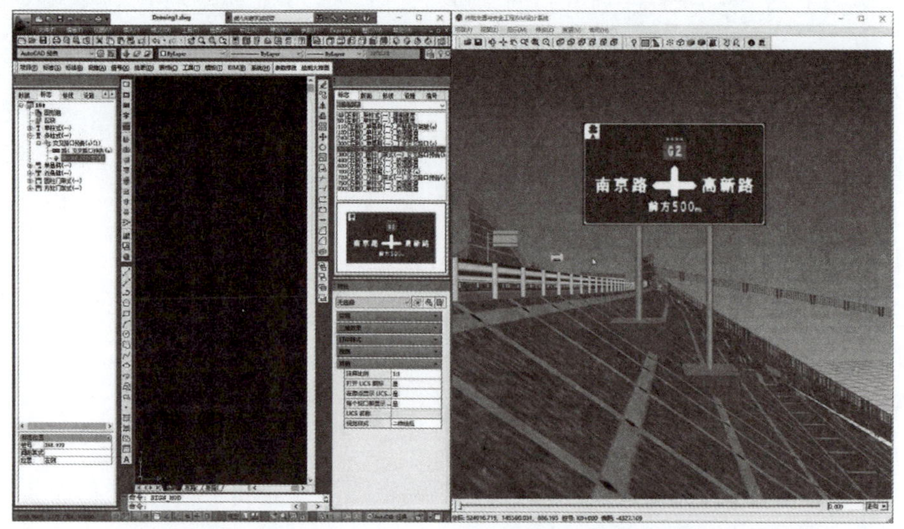

图 6-1　交通工程三维设计与 BIM 一体化技术（纬地软件）

笔者认为，这一情况不仅与美国道路等基础设施早在 20 世纪 50、60 年代已总体成型，新建、改建工程项目极少等实际建设需求有关，而且，非常重要的一点是，美国政府和企业等或更注重技术的实际价值、实效性。对某些新技术、新理念的应用首先考量其实际应用价值和效益。

3. 中国道路建设技术是世界领先的

结合以往对美国道路交通行业技术发展的了解，笔者认同，我国在道路工程精细化管理、机械化施工、运营养护管理技术等方面，可能与发达国家、与国际先进水平还存在一定的差距。但在近30年交通基础设施大发展的背景下，无论是在复杂高速公路、跨海跨江大型桥梁，还是高铁、港口等交通基础设施建设技术领域，我国的"建设技术"总体已经处于国际领先水平。当然，这其中包括对应的工程勘察、设计与建设方面的相关技术，也包括发挥重要支撑作用的道路CAD软件技术(图6-2)。

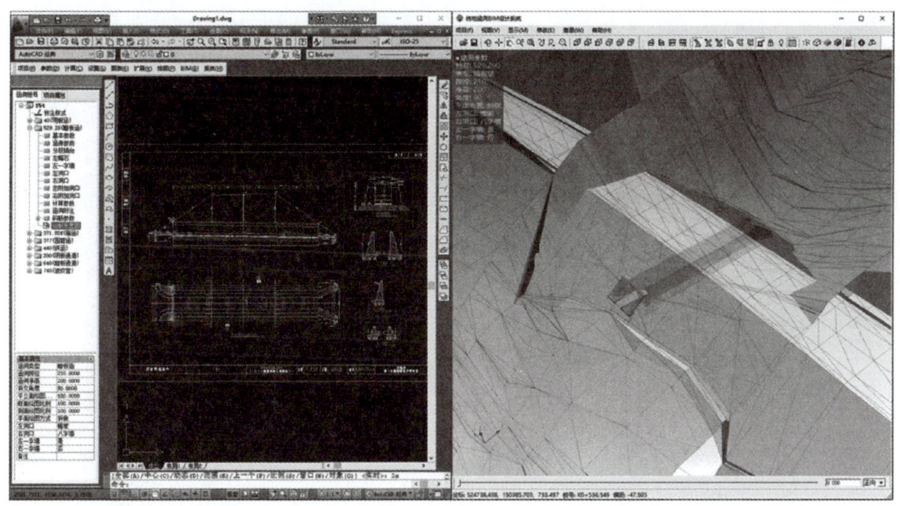

图6-2 桥涵三维设计与BIM一体化技术(纬地软件)

4. 国内道路BIM软件技术取得了长足发展

受到我国30年快速发展的需求引导，国产道路BIM软件已经取得了长足的发展和进步。

首先，BIM技术的核心无疑是相关的软件技术。在当今信息化时代，软件技术总体上是全球同步的。在国际范围内有影响、先进的BIM软件公司，很早都已经汇聚在中国——这个全球最大的基础设施建设市场了，包括大家熟知的欧特克、奔特力、达索等国外BIM软件公司。因此，我国的工程技术发展现状，在一定层面上，就可以代表当前国际上在这一领域的发展情况。

其次，近年来，国内各大型工程勘察设计企业，承担并完成了众多国外重大交通基础设施建设项目。从中国企业承建的海外最大高速公路——阿尔及利亚公司高速公路（图 6-3），到东非蒙内铁路建设项目，不论是大型高速公路、铁路建设项目，均采用国产纬地软件来设计。国产软件纬地软件通过“智能模板”等技术，不仅可以支持世界多国标准规范，而且解决了各国不同设计习惯、不同设计成果表达样式、不同语言文字等难题。这是目前国外道路软件不能实现的。

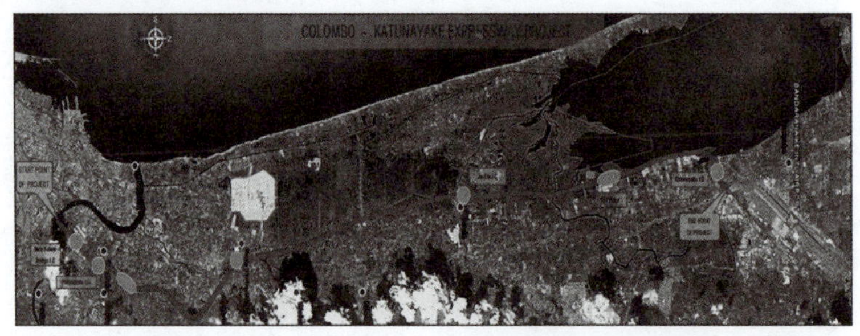

图 6-3　阿尔及利亚东西高速公路项目（纬地软件）

以上，主要从国内外实际工程应用现状的角度，对比说明国产道路软件技术在需求的引导下，发展非常快，已经超越了国外软件，甚至处于世界领先地位。后续，笔者将继续撰文，对国内、外道路 BIM 软件的具体功能进行更为详细地对比和说明。

5. 结语

不论是国外道路 BIM 软件，还是国产道路 BIM 软件，都存在不够系统、覆盖专业不全等问题。国外软件正在发展中，而国产软件更要找准方向，加快研发步伐，这样才能巩固并拓展已经取得的优势。

因此，笔者认为，面对 BIM 的风潮，我国道路（公路）行业根本无需存

在“BIM 技术总体落后”的恐慌感，只要持续关注相关技术发展，继续拓展和深化对工程三维设计、仿真分析、数字交付、数字化建设管理等方面技术应用的广度和深度，不断对相关技术成果加以总结提升。中国道路行业 BIM 及相关技术的发展应用，终将处于世界前列。

七

BIM会取代CAD吗?

1. 引言

前面,笔者结合自身实践与认识,分析讨论了 BIM 技术发展存在的一些问题,对比了国内外道路 BIM 解决方案在应用层面的技术现状和发展概况。在本文中,笔者将结合道路勘察设计的任务和需求,对“BIM 会取代 CAD 吗”进行分析讨论。

2. BIM 和 CAD 的概念差异

首先,在概念上,BIM 和 CAD 是明确不同的。BIM 有狭义和广义之分。狭义 BIM 是指带有属性和信息的工程模型;而广义 BIM 是强调以带有信息的模型为载体或媒介,实现从工程设计、建设到运维管理的全寿命周期管理。CAD 的概念相对比较单一,即利用计算机软件技术实现工程辅助设计。

站在BIM广义的概念角度，BIM应用涉及工程的全寿命周期；而在设计这个具体阶段内，CAD只是BIM的一项技术组成部分。站在CAD的角度，其适用的工程阶段是唯一的，即设计阶段。但在设计阶段内，BIM技术仍然是属于利用计算机软件技术进行工程设计的一种方式，只是更强调三维模型的应用而已。也就是说，在设计阶段，BIM应该属CAD的一种技术形式。

因此，从概念角度对比BIM与CAD，有点像另外两个在道路交通行业受关注的热词——“智能交通(ITS)”与“智慧交通”之间的关系。到底谁包含谁，相互是什么关系呢？恐怕一时难以讨论得清楚。毕竟，只是概念层面，而且概念还在被大家不断地发掘、扩展之中。

如果要讨论BIM和CAD的差异，及BIM是否会取代CAD，需厘清它们之间的关系，必须把讨论的范围界定在某一确定工程阶段，还必须回到讨论其对应的软件核心技术的层面上。以下笔者主要围绕道路勘察设计阶段及其对应的软件技术，对BIM和CAD的关系进行分析和讨论。

3. CAD的含义

一提到CAD，很多人就默认以为是欧特克公司的Autocad软件。其实不然，CAD的概念是计算机辅助设计，而不是特指某一个软件。尽管在20年前，勘察设计企业甩掉图板时，CAD主要是指Autocad软件，因为那时设计人员主要是使用Autocad+鼠标，一笔一画地绘图。而今天，CAD是指那些让工程设计人员可以在计算机上完成工程设计任务的软件工具或者软件解决方案。例如，在建筑行业领域CAD国外软件有Revit、匈牙利Graphisoft公司的ArchiCAD软件，国产软件有天正、PKPM、斯维尔等；在道路工程领域，国外软件有Civil 3D、Powercivil等，国产软件有纬地软件和鸿业软件等。就连用于桥梁等结构计算分析的软件，也属于CAD的范畴。

今天，道路交通设计领域CAD技术，早已经发展到了可以综合利用多种来源的测绘与地质等基础数据，在数字地面模型基础上实现全三维、协同设计的阶段了。工程师可以在电子地形图、卫星影像、航空甚至无人机影像的基础上，直接进行道路选线、平纵横与道路模型互动优化设计，实现桥涵、支挡构造物、交通与安全设施等全三维、协同设计。当然，还可以完全自动化、批量化统计工程量，输出各类符合国家和行业标准规范要求的设计图纸等。

4. 国外 BIM 解决方案的核心仍是 CAD

有观点认为，今天国外 BIM 软件公司推广的 BIM 解决方案不是 CAD，而是 BIM 软件。笔者在前面《BIM 是颠覆性的新技术吗？》一文中已逐一列举，目前所有国外软件公司针对道路交通勘察设计企业的 BIM 解决方案软件包中，主要软件均是在市场上推出十多年、甚至更久的软件产品。在这些软件中，与道路交通专业相关的，仍然是 Civil 3D，或者 Inroads，或者在其基础上更新的版本如 PowerCivil 等 CAD 软件。只是，软件厂家为了满足 BIM 理念所倡导的模型管理和碰撞检查等需要，又在解决方案软件包中增加了一些与模型处理相关的软件产品。这些附加的模型处理软件，例如 3DMAX 等，是以往工程师不会使用，只有媒体制作单位常用的软件。甚至有某国外软件，本来就与道路专业没有任何关系，现在借着 BIM 的浪潮，实质上推广的只是一款适用于工业制造的三维 CAD 软件而已。

当笔者试着剥去国外软件 BIM 解决方案中那些与道路专业毫无关联的附加软件和产品后，发现能够剩下的核心仍然是既有的 CAD 软件。

5. 对道路勘察设计阶段而言，BIM 与 CAD 有相同的任务目标

对工程勘察设计阶段而言，其核心任务和目标不会因为技术手段的

变化而变化。工程勘察设计就是工程方案从无到有的产生过程，并且包括利用各种技术手段对工程方案进行论证、分析、优化的过程，包括设计成果的交付过程。

对照工程勘察设计的核心任务，BIM 的作用可概括为以下三个方面：

(1)三维设计：或称之为 BIM 设计，指基于三维模型基础上的、所见即所得方式的工程设计、方案优化；当然其中包括工程 BIM 模型建立过程。

(2)仿真分析：也称为 4D、5D 分析，包括碰撞检查等，其核心就是以三维模型为基础，再考虑工程建设周期(时间)、成本(造价)等因素后，对方案进行分析、检核，发现问题，以优化改进方案。

(3)成果提交：即 BIM 提交或交付，把带有属性和信息的 BIM 模型，作为设计阶段向建设施工、运维养护阶段移交的成果；也包括常规纸质和电子图纸的交付。

以上三方面是 BIM 在勘察设计阶段应用的终极目标。实际上，在 BIM 概念受到关注之前，这三方面就已经是 CAD 技术的发展目标了。在道路 CAD 领域，正像笔者前面所述的：基于道路实体模型的三维互动优化技术、交通安全等仿真分析技术、基于地理信息系统(GIS)和三维模型的数字公路平台交付系统等，早在十年前就已经是成熟的产品，或者就有实际工程应用了。

6. 结语

综合以上分析与对比，BIM 对于道路勘察设计阶段、对于勘察设计企业而言，其核心任务和目标均在于三维设计、仿真分析和成果提交三方面。因此，在勘察设计阶段 BIM 等同于 CAD。

今天，无论 BIM 还是 CAD，都需要进一步发展前进。面对相同的任务和目标，笔者认为，与其凭借 BIM“高大上”的理念，一直仰望星空，呐喊着要颠覆、要改变，不如以现有 CAD 技术为基石和台阶，层层递进，更为脚踏实地。

八

如何选择道路BIM的三维设计平台？

1. 引言——设计单位面临的艰难选择

当前，很多道路交通勘察设计单位的技术管理与决策者都面临一个现实而棘手的问题——如何开展 BIM 应用？到底选择哪个 BIM 软件解决方案，选择哪种 BIM 技术路径，尤其是面对多家国内外软件厂商，且各家 BIM 解决方案都还不成熟、不够系统、BIM 技术还在不断发展变化的时候。

因为选择不同的 BIM 软件和解决方案，就意味着采用了不同的技术路径，意味着较大经费投入（软件等购置费用），还关系到需要后续投入的人力资源大小。一位设计院的负责人曾为此感叹："这个选择如同赌博一样，选择错误，将导致若干年后重复花钱、重复投入啊！"

以下，笔者试着结合道路工程专业特点和勘察设计企业的需求，在对相关道路 BIM 软件技术进行对比分析的基础上，对道路工程 BIM 平台选择等问题进行讨论（图 8-1、图 8-2）。

图 8-1　高速公路 BIM 交付模型(纬地软件)

图 8-2　基于道路 BIM 模型进行视距分析(纬地软件)

2. 不存在同时服务于设计、施工与运维各阶段统一的 BIM 平台

由于广义 BIM 技术的应用是需要覆盖到工程设计、建设乃至运维管理等阶段的,而且实现 BIM 模型和信息等在不同阶段之间的传递和共享,需要一个同时服务于各个阶段的、统一的 BIM 平台。

针对目前国际上工程软件技术的发展现状,笔者认为:这样的 BIM

平台是不存在的,至少在今天和今后一段时间内是不存在的。尽管 BIM 应用可以覆盖到工程建设的各个阶段,但是工程建设在各个阶段的侧重点是截然不同的。

在设计阶段,工作的重点是工程方案从无到有的设计过程,包括路线方案和相关构造物的结构与设计方案,同时需要输出各类图纸、模型,也就必然需要对图纸和模型进行一定的编辑修改。因此,BIM 平台的选择不能脱离 CAD 平台环境(图 8-3)。而在施工阶段,侧重点在于施工工序、进度与质量的管理、计量支付等,这一阶段的 BIM 平台应考虑基于地理信息系统(GIS)架构和网络环境条件运行。运维管养阶段的侧重点是道路和相关设施的检测、维修与养护信息积累。根据欧美等发达国家的工程建设与管理的发展经验,这一阶段的 BIM 平台需要与地理信息系统(GIS)密切结合。纵观世界范围内工程建设与管理的技术发展现状,以及各大工程软件企业所提供的 BIM 解决方案,目前尚没有一个从规划设计、到建设施工、再到运维管养各阶段统一的、通用的 BIM 软件平台。

图 8-3　高速公路立体交叉出入口视距分析(纬地软件)

笔者在前文《BIM 会取代 CAD 吗?》一章中提到,在道路工程勘察设计阶段,BIM 应用的核心任务是三维设计、仿真分析和成果提交三方面。因此,BIM 设计平台只能基于设计阶段核心任务进行选择。结合当前工程软件技术的现状,需要 CAD 作为基本的软件环境,也就是软件平台。同时 CAD 平台还需要能够支持一定的三维模型处理能力。

当进一步详细研究目前国内外道路工程领域的 BIM 解决方案,包括国外软件欧特克公司和奔特力公司,还有国产软件纬地软件、鸿业软件等,笔者发现:今天,各厂商提供的道路设计阶段的 BIM 解决方案中,可选的 BIM 三维设计软件平台只有两个,一是欧特克公司的 Autocad,二是奔特力公司的 Microstation。

3. 道路 BIM 三维设计平台只能选择 Autocad

选择工程设计阶段 BIM 三维设计平台(图 8-4),应考虑以下几个方面:一是平台自身的性能和功能,包括支持二维和三维制图、建模、显示、编辑、修改等性能,以及平台数据处理的速度等;二是平台的普及率,即平台在工程行业中、在国际范围内、在用户群体中应用的数量和普及程度等;三是平台的开放性,即平台支持二次开发的能力,可拓展性能。当然,还可能包括平台技术研发、技术更新的速度等因素。

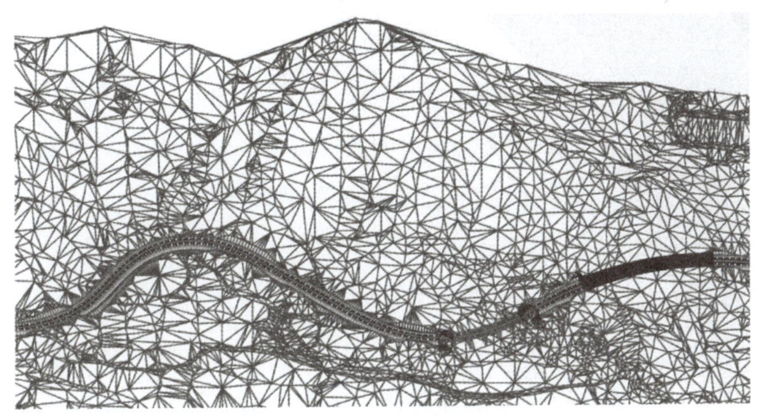

图 8-4 道路 BIM 模型(纬地软件)

(1)平台自身的性能和功能

首先,对于平台自身的性能和功能,就当前的技术条件而言,无论是

Autocad 还是 Microstation，都是完全可以满足道路、桥隧等构造物设计、图形编辑、数据处理以及三维建模等需要的。经笔者了解，在 20～30 年前，这两个 CAD 平台研发的对象有所不同，Autocad 主要针对个人电脑（PC 机），而 Microstation 主要针对当时的阿波罗工作站环境。但是，由于后来 PC 机的迅速发展，Autocad 在世界各地、各个工程领域的应用中占有了绝对性的优势。尽管有人对比认为，Microstation 更适合于大数据量的处理应用，Autocad 比较适合于中小型项目的数据环境。但是，随着计算机硬件以及存储技术的飞速发展，上述两款 CAD 平台在处理数据量上的差异，对工程勘察设计阶段而言，影响并不大。

（2）平台普及率

对比 Autocad 和 Microstation 平台的应用普及率可知：Autocad 无论是市场占有率，还是用户认可度等方面，均远高于 Microstation。笔者了解，尽管在美国道路工程设计行业中，Microstation 平台曾经一度被各州指定为工程设计图纸的交付环境，但是随着 Autocad 在全球范围内的广泛使用，现在美国各州也已经纷纷认可 Autocad 作为工程图纸的交付环境。

目前在国内，无论是在道路交通勘察设计领域，还是市政工程设计企业中，甚至水电工程、机电工程、建筑工程等行业中，使用 Microstation 作为工程设计 CAD 平台的比例近乎为零。尽管奔特力公司及其代理厂商不遗余力地在国内勘察设计企业中推广 Microstation 及其配套的工程软件解决方案，曾经甚至允许用户长时间地免费使用 Microstation，但上述现状并没有任何改变。

笔者认为，在今天，信息交换与协作极为重要的条件下，任何一家工程勘察设计企业均无法独立使用某个 CAD 平台。当只有一家企业使用某个 CAD 平台，而其他企业都在使用另一个 CAD 平台时，会存在同类企业之间、同一企业内不同专业之间的数据交流、转换、沟通与共享的困难。实践证明，用户少的平台最终会逐渐被用户多的平台取代和同化。这似乎是信息技术发展的一个突出特点，就像电脑和手机的操作系统一样。

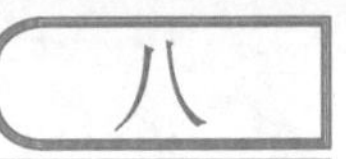

关于这一点，在道路交通行业曾经就有值得学习借鉴的实际案例。20年前，在国内有多款辅助设计软件，有基于国产CAD平台环境的，也有来自德国等发达国家且自带CAD平台的。尽管有的软件具有较强的专业辅助设计功能，尽管自带CAD平台曾经对软件推广有特别大的优势，但是随着计算机软硬件和CAD平台技术的飞速发展，那些基于自带CAD平台的专业软件，均已经逐步走向了颓势或者已经消亡。笔者思考，或许在一定程度上，CAD平台间接成为了影响专业软件发展的决定性因素。

(3)平台支持二次开发的能力

在选择道路BIM三维设计平台时，平台对二次开发的支持能力也是重要的因素。长期以来，Autocad平台提供的二次开发接口功能，一直是各领域工程专业软件企业所津津乐道的优势。因为Autocad提供的ARX二次开发接口模块，具有开放、灵活、支撑最新软件开发技术等优势，不论是道路工程、市政工程，还是建筑、水电等行业中，都拥有大量的基于Autocad平台的、工程细分专业的解决方案和开发商。而恰恰正是这一点，是即便经过数十年的市场化竞争，其他各类CAD平台却始终无法取代Autocad平台的关键所在。

当今CAD早就不是Autocad加鼠标手工绘图的阶段了，任何一个专业领域最终提高勘察设计的水平和效率，都必须依赖于更细分的专业化的辅助设计软件，而且需要一整套的软件解决方案。因为工程设计整体效率的提升，需要的专业辅助设计软件不只是针对单一专业，而是需要覆盖到工程设计中的各个专业。例如，国产纬地软件之所以能够在国内交通设计企业中普及应用，最大的优势不仅在于与专业结合紧密，而且更重要的是提供了从路线、路基、工程地质、桥涵、隧道、土方、支挡防护工程、交通工程与安全设施、安全评价、各专业BIM一体化建模等一整套的软件解决方案。

4. 结语

综上所述，尽管从单纯的技术层面上实现 BIM 终极目标的技术路径绝不止一条，甚至也不一定存在所谓最优化的技术路径，但是绝对性的市场占有率、良好的开放性、拓展性，以及拥有最大量的二次开发商和专业设计软件等优势，决定了 Autocad 是道路 BIM 三维设计平台的不二选择。

笔者认为，即使今天选用其他三维设计平台及解决方案，或许能够以不同的路径实现部分 BIM 的功能和应用，但是从长期可持续发展的角度来看，上述影响因素却会决定着其技术路径最终能走多远、能走多久。

对国内众多道路交通勘察设计企业而言，今天面对 BIM 方向的艰难选择并非无解。在剥丝抽茧、论证确定道路 BIM 三维设计平台之后，那么，后续 BIM 解决方案的选择也自然就变得逐渐清晰、明朗了。

九

BIM为什么必须从专业CAD开始?

1. 引言

在前文讨论的基础上,笔者将进一步讨论道路 BIM 解决方案技术路径中的切入点和实现方式。

2. 国外 BIM 解决方案存在的问题

通过对目前国外各大软件厂商提供的道路行业 BIM 解决方案进行调查,笔者发现国外道路 BIM 解决方案存在以下共性问题:

(1)不能完成道路相关专业的三维设计任务

根据调查,目前以欧特克和奔特力等为代表的国外工程软件厂商,针对道路工程行业提供的 BIM 解决方案均是不完整的,主要表现在不能覆盖道路设计中各相关专业的三维设计任务。尽管上述大型软件方案均具有道路主体部分平、纵、横的三维设计功能,但是并没有开发和提供针对路基、隧道、桥涵、各类支挡构造物、地质、交通工程与安全设施等专业的三维设计模块或软件产品。因此，即便设计企业采用欧特克或奔特力公司的 BIM 解决方案，但道路及各相关专业的设计任务，还必须依赖目前的既有专业 CAD 软件完成。以欧特克公司为例，其 BIM 解决方案推荐用户采用 Revit 进行隧道、桥涵、以及各类构造物的 BIM 建模，但事实上 Revit根本无法完成这些工程专业的设计工作。

(2)不能实现三维设计与 BIM 自动建模的一体化

与之前的三维设计方式相比，基于 BIM 核心的三维设计与交付方式，需要构建精确的工程三维实体模型。而构建三维模型，除了必须掌握工程实体的空间几何信息外，还需要掌握工程实体的构件、材料等属性信息。据调查，目前欧特克、奔特力等公司提供的道路 BIM 解决方案，均不能实现各相关专业的三维设计，更无法实现各相关专业的 BIM 自动化建模。尽管提供了类似 Revit 等参数化的建模工具，但其依赖手工“翻模”，效率非常低下。或者，通过二次开发可以在一定程度上提高部分建模的效率，但由于缺少专业化的三维设计功能，并不能改变其“翻模”的本质。2016 年交通运输部开展全国 BIM 技术应用现状调研发现，很多单位虽然成立了 BIM 中心，但实际上各单位的 BIM 应用均为“两张皮”现象。工程设计本身仍由原设计人员完成，BIM 中心只是对照图纸进行“翻模”而已。

(3)不能输出符合专业习惯和要求的设计图表成果

目前，国内各级道路的勘察设计项目，绝大多数是采用国产纬地软件等完成，几乎没有道路建设项目采用国外软件设计完成的。其原因除了国外软件不符合国内勘察设计习惯、未能覆盖道路设计多专业的任务需求外，主要原因在于国外软件不能直接输出符合专业习惯和要求的设计图表成果，包括各阶段、各专业需要的详细设计图纸等。

这里，笔者说的不能满足常规设计成果输出的要求，并不是说这些软件不能输出成果图纸，而主要是不能自动输出符合国内行业习惯和相关图纸编制要求的成果图纸。这些解决方案仅能输出“半成品”性质的设计成果图纸,要达到道路行业对不同阶段、不同专业图纸的形式、样式和习惯等要求,一般需要设计人员手工进行再加工和编辑修改。而国产的纬地软件,不仅能自动输出各类图纸表格成果,有的图表甚至已经布置好了图框,编排好页码,直接可以批量打印了。在成果输出的自动化和效率方面,国产纬地软件等是国外 BIM 解决方案所无法比拟的。

(4)必需进行大量的二次开发

鉴于上述多方面的问题,国外道路 BIM 解决方案提出了“最后一公里”的说法,即建议由用户(设计企业)在其现有解决方案的基础上进行二次开发,解决上述问题。

但是,这些问题是无法通过浅表层次的二次开发能实现的,有些甚至连国外软件厂商自己也无法在短时间内开发实现。例如,针对路基、桥涵、隧道、交通工程与沿线设施、工程地质等专业的三维设计功能。因为,单单是一款成熟的涵洞或隧道设计的专业功能,其研发周期就需要 3～5年。

3. BIM 必须从专业 CAD 开始

结合前面相关文章的分析讨论,笔者认为,道路工程 BIM 发展的技术路径必须从专业 CAD 切入,从专业 CAD 开始。

(1)只有从专业 CAD 开始,才能实现三维设计与 BIM 建模的一体化

从服务工程全寿命周期出发,BIM 理念的关键在于工程模型与信息的传递、共享和互用。所有涉及 BIM 技术与发展的结论均认为,从勘察设计阶段向建设施工阶段、乃至运营养护阶段,交付 BIM 模型和信息是必须要达到的目标之一。那么,要实现这一目标,BIM 技术在勘察设计阶段实现三维设计的同时,BIM 模型构建与信息关联就是核心任务。

如何实现 BIM 自动建模呢?首先不可能依靠手工“翻模”,因为其翻模的工作量是巨大的,有时候甚至会超过勘察设计中图纸绘制的工作量。而在工程设计之外,专门开发用于二次开发的一些参数化“翻模”工具,

也是不可选的。笔者认为,最佳路径只有一条,就是在现有道路三维设计CAD的基础上,在各专业三维设计功能的基础上,开发实现多专业一体化的自动建模软件。

以国产纬地软件BIM一体化建模技术为例,用户在使用纬地软件完成各专业三维设计任务的同时,可随时浏览道路主体、构造物以及交通工程等的三维模型;在各专业设计任务完成的同时,用户只需要发布一个命令,软件便会根据设计的基础数据和参数等,自动构建出道路及相关设施的BIM模型。这种建模的精度、效率均是手工"翻模"或者二次开发的建模工具等方式难以企及的。

(2)只有从专业CAD开始,才能实现模型与海量信息之间的自动关联功能

有很多人在强调,BIM的核心不是简单的三维模型,更重要的是与模型关联的属性和信息等。但是,为什么国外BIM解决方案只讲如何建模、如何展示效果,却从来不讨论如何给模型和部件赋予属性和信息?因为,他们的解决方案和技术路径根本无法实现这一目标。

笔者认为,只有从专业CAD切入,在完成各专业三维设计的同时,由专业CAD软件自动给BIM模型和部件附加上各类属性和信息,才是唯一可能的、高效的技术路径。

(3)只有从专业CAD开始,才能彻底改变BIM应用"设计与建模""两张皮"的技术现状

受到相关诸多因素和条件的限制,当前各领域BIM应用大多处于"两张皮"的现状。即工程设计人员应用现有技术手段和CAD软件,进行项目各专业设计;同时,BIM中心参照设计图纸进行工程BIM建模和BIM应用。这样的"设计与建模""两张皮"的现状和技术路径,既不能提高工程设计效率,又难以从根本上发挥BIM在设计阶段检核设计成果的目的,反倒增加了设计企业内部设计部门与BIM团队之间的冲突和矛盾。因此BIM应用必须实现真正的"正向设计"即BIM必须从专业CAD

开始和切入。

4. 结语

综上所述,笔者在分析国外道路 BIM 解决方案存在问题的基础上,提出工程 BIM 研发与应用必须从专业 CAD 开始,道路勘察设计阶段的 BIM 解决方案,必须以专业的三维设计 CAD 为基础。

只有这样,才能实现三维设计与 BIM 建模的一体化,才能从根本上提高 BIM 建模的效率和精度,才有可能实现模型属性的自动关联,才能彻底改变当前工程行业 BIM 应用中“设计与建模”“两张皮”的技术现状,才能彻底打通从设计到建设、乃至运维阶段实现 BIM 模型交付的技术瓶颈。

十

BIM成功案例与大规模应用之间的距离有多远？

1. BIM 热潮之下的冷思考

自从 2012 年住房和城乡建设部开始启动建筑 BIM 标准研究与编制项目开始，至今已有 5 年。自从 BIM 的概念在国际上受到普遍关注开始，至今约有 15 年。可是，为什么 BIM 在工程各行业、各领域的应用仍然停留在典型案例的层面呢？

为什么 BIM 起步较早的行业及单位，有的已经“冷却”、不那么“积极”了呢？早在 2014 年铁路行业就曾宣布，在 2017 年之前实现所有铁路建设项目设计阶段的完全 BIM 交付。而时至近日，为什么铁路行业却不再提及这个计划目标了呢？他们到底遇到了哪些困难呢？

确实，在各行业内外大家都在宣扬 BIM 价值和作用的时候，很少有人讨论 BIM 技术目前尚存在的问题和技术瓶颈。笔者在众多技术交流活动中发现，有不少勘察设计、建设管理单位的技术负责人，都在讨论同一个问题：在各行各业交流的 BIM 成功案例背后，BIM 到底与大规模实际工程应用的距离有多远？面对 BIM 热潮，企业决策者需要哪些“冷思考”以支持更为理性的决策呢？

2. 工程设计与 BIM 应用“两张皮”的现状

在交通运输部2015—2016 年组织的公路、水运工程 BIM 技术政策调研中，来自不同典型案例、不同单位的对比材料均说明：与采用当前设计与建设技术条件比较，采用 BIM 技术的工作量显然是增加的，投入的人力和时间成本是增加的，整体的效率肯定是降低的。

以工程设计阶段为例，根据调查多数企业在 BIM 应用中，采取的是“工程设计”与“BIM 应用”分开并行的路线。其原因主要在于：一方面，各大 BIM 厂商提供的解决方案，不能很好地满足工程设计的需要，有的还无法解决设计出图的问题；另一方面，BIM 建模需要在多个软件之间来回切换，工作量巨大，而原有工程设计人员并不掌握 BIM 建模的软件和操作技术。于是，原有工程设计团队继续按照常规技术路线进行工程设计，由 BIM 中心负责 BIM 建模及应用。这就导致了工程设计与 BIM 应用“两张皮”、相互脱节的现象。至于基于 BIM 开展碰撞检查和方案优化工作，往往明显落后于工程设计环节，最终 BIM 应用只能是以方案展示或者可视化交底了。

3. BIM 的预期价值远远高于当下

一个时期以来，笔者通过网络、频繁的会议交流、多个机构组织的 BIM 大赛等形式，关注了很多 BIM 技术应用的成功案例。但笔者注意到：这些案例中“预期性质的价值”是远远高于眼下可见的价值和功效的。其中有相当一部分价值，是现阶段未完全实现，或者说还无法或不能实现的。

例如，BIM 对工程建设程序可能引起的变革，BIM 对建设、运维管理手段、技术方面可能引发的变化和影响等，均是预期的价值。目前 BIM 成功案例，多数集中在工程项目的前期设计阶段。设计阶段 BIM 应用的主要工作内容是各种方式的 BIM 建模和“翻模”，加上少量的碰撞检查与仿真分析；建设阶段应用的重点仍然是建模、展示，加上一定的施工工艺、工法的模拟仿真，称之为 BIM 4D 或 5D。而由于前面提到的“两拨人”和“两张皮”的现状，导致设计与施工方案优化、BIM 化施工等无法真正实现。记得，笔者等在被誉为“中国 BIM 制高点”的上海中心建设项目开展 BIM 应用调研的时候，关于如何基于 BIM 进行建筑的绿色和节能分析的问题，该项目 BIM 中心负责人回答说：关于建筑绿色和节能分析，目前似乎连获得公认的评价指标和标准都没有，如何进行分析评价呢？

还有观点认为 BIM 在工程项目全生命周期中应用的重点，在建设后期的管养阶段。可是，管养阶段的应用案例几乎没有。进一步追问，管养阶段是否已经具备应用 BIM 实际应用的需求、是否具备相应的软硬件技术和人力资源条件？现在的回答都是否定的。因为，BIM 在管养阶段的应用尚不具备条件，也无案例可循。

4. 技术探索与大规模工程应用之间的距离

实际上，目前了解的 BIM 成功案例，包括上海中心、中国尊、国家会展中心等，总体上应属于“科研开发”或“技术探索”性质。结合长期从事工程勘察设计新技术研发和科研实践的经历，笔者深刻理解“技术探索”与“大规模工程成熟应用”之间存在较大距离，而且这个距离或许不是 3～5 年短期之内就能跨越的。

对于新技术探索性质的项目，侧重展示已经或可能取得的作用和价值是无可厚非的。但是这类项目中，为了探索新的技术与手段，为了规避技术探索存在的风险，都会做好“两手准备”。即在采用 BIM 等新的技术和方法的同时，工程项目必然继续采用常规的设计和施工技术、方法。就像“上海中心”等建设项目，一旦项目开工，时间和工期都有严格的要求，

不可能因为采用 BIM 技术而中断常规的建设流程、更换常规的施工工艺和工法。

另外,为了探索某项新技术,建设单位可以单独为其提供科研经费支持,并不计人力资源投入、不考虑功耗增加等。但是,一旦开展大规模工程应用,所有的项目、相关企业的负责人都将面临一个现实且不可回避的问题:采用 BIM 技术而花费的时间、人力等成本费用由谁提供?因此,提高功效,节约成本,为企业创造更高的价值,是大家考量是否采用 BIM 和某种新技术最起码的原则。

5. BIM 大规模应用还面临着诸多问题与挑战

无论是行业层面的 BIM 应用调研,还是交通运输部组织地对美国道路交通行业 BIM 技术应用现状的调查,都反映出,当下 BIM 技术在工程各个领域的大规模应用,还存在诸多的问题与挑战。

(1)计算机、网络等的速度和容量还不足以支撑 BIM 技术全面应用

在道路工程、建设工程等各个领域,与 BIM 模型和信息相关,均存在海量数据处理、传输、调度等实际需求。而当前,计算机软硬件以及网络等处理的速度和容量还远远无法满足精细化建模、海量数据调用、全生命周期应用的需求。

笔者等在高速公路 BIM 仿真分析、BIM 交付等工程实践中发现,一条高速公路的整体模型、属性信息、各阶段的图档资料、卫星或航空影像等的数据量,动辄达 20GB 以上,即便是当前最高配的软硬件条件,计算机读取、调用和处理的速度都会受到很大的限制。当以这样的数据作为后台,实现网络远程化的管理和调用时,还会受到网络传输速度的限制。

BIM 不是单一的技术,需要实时定位、无线网络、物联网、自动化数控施工机械以及计算机软硬件等一系列相关技术的支撑,甚至 BIM 技术进一步发展应用,也需要依赖相关软硬件技术的发展和提升。

(2)缺少指导 BIM 系统、科学发展的标准规范体系

当前,在工程设计阶段,BIM 应用和仿真分析需要建模,建设与管养阶段也需要建模。仅仅是重复性的 BIM 建模,就已经浪费了大量的人力和时间资源。另外,由于工程设计阶段与建设阶段任务与侧重点不同,对 BIM 建模的目标和需求也不同。实践发现,设计阶段交付的模型并不能支撑和适应建设和管养阶段的实际应用特点。无论工程规模大或小,都包含很多专业,而各专业模型之间如何有效对接,形成一个完整的功能模型呢;工程前一个阶段附加的工程属性,如何被后一个阶段读取、识别并利用呢……这些问题只有通过建立以统一、协同共享为目标的 BIM 标准体系,才能解决。

目前,虽然在国外和国内(包括国内建筑专业),已经初步编制了部分的 BIM 基础性标准,但是包括各类典型成功案例项目在内,几乎没有实际工程项目执行和采用了这些标准。而且,有某行业刚刚发布的 BIM 标准,尚未实施就已经发现存在明显的问题了。毕竟,新技术、新事物要统一标准,必然需要不断总结和提炼。

(3)BIM 发展缺少核心驱动力

对于已经组建 BIM 团队以及已经在 BIM 方面进行了一些项目探索和应用的企业而言,今天,他们面临的问题和困惑就是 BIM 发展与应用缺少核心驱动力。当前采用 BIM 技术,并没有提高功效,没有创造出直接的经济价值。没有提高工程设计、建设的功效,没有创造新的经济价值,BIM 技术就没有发展的核心驱动力。

6. 支撑 BIM 核心应用的软件技术还不成熟、不成体系

除上述问题外,笔者认为,真正制约 BIM 在各工程领域大规模推广和应用的关键瓶颈在于——支撑 BIM 核心应用的软件技术还不够成熟,还未成体系。

支撑 BIM 技术在工程项目全寿命周期应用的核心仍然是相关的软

件技术。而今天,无论是国外各大软件厂商,还是国内独立软件厂商,抑或是一些具有一定研发能力的大型工程企业,均还没有形成一套能够完全适用于任何一个工程全生命周期、各个专业领域的软件解决方案。目前,虽然市场上有数十家软件厂商,且各自在不同领域拥有一定的优势或特点,也在不断完善和发展之中,但真正能够被接受、并且能够完全打通工程各阶段应用的解决方案尚未出现。

当然,依靠一家软件企业开发所有解决方案是不现实的,BIM 最终需要的是多家软件相互协同、协作,才有可能实现 BIM 全寿命周期应用的目标。可是,真正有哪一家软件企业愿意主动去与其他软件合作,共同实现 BIM 的宏伟目标呢?没有!每一家企业都希望由自己主导 BIM 技术应用的全过程、全阶段。

笔者认为,只有当各专业领域的 BIM 核心软件真正能够实现三维设计与 BIM 建模一体化,只有基于 BIM 的工程仿真软件、施工管理软件能够真正实现模型与数据共享、互用,才能真正在工程三维设计的基础上,彻底解决 BIM 建模的效率问题,才能彻底破解模型属性关联的技术瓶颈。

当 BIM 核心软件能够真正提高工程建设各阶段的工作效率、降低功耗投入,只有工程设计和 BIM 应用能够由一拨人来完成时,BIM 技术大规模工程应用的时机才会到来。

7. 结语

综上,笔者认为,目前应客观看待“科研探索”“典型案例”与“大规模工程应用”间存在的距离。不应把少数企业、个别项目的“科研探索”理解为普遍性的业态水平。

同时笔者认为,只有当各专业领域 BIM 核心软件技术取得本质性突破,能够切实提高工程从设计、建设到管理各阶段功效的时候,才是 BIM 技术大规模工程应用的时候。支撑工程 BIM 的核心软件技术发展,尚需要一定的发展周期,而且需要经历大浪淘沙即市场化优胜劣汰的过程。

工程企业开展BIM研发可行吗？

1. 引言

在2017年的最后两天，交通运输部发布了《关于推进公路水运工程BIM技术应用的指导意见》。笔者研读认为，《意见》不仅及时响应了国际范围内工程建设领域大力推进BIM技术的形势，而且给我国公路与水运行业BIM技术发展指明了方向。

结合参加该文件前期调研等工作基础，笔者认为《意见》对当前BIM技术发展现状和趋势的认识是客观、准确的。《意见》中关于推进BIM技术在公路行业中发展与应用的举措、路线是稳妥而积极的。笔者了解到，为掌握目前国内、国外BIM技术发展现状、存在问题和发展趋势，交通运输部专门组织相关单位开展了对国内、国外BIM技术发展的专项调查研究工作，包括专门到美国开展的BIM技术在道路交通领域应用情况的培训和交流活动，也包括调查建筑工程、铁路工程等领域BIM技术研发与应用的情况等。

在研读中，笔者发现《意见》多处提到了“鼓励企业成立BIM研发中心”“支持市场主体自主研发BIM软件技术”“鼓励科研、大专院校、设计等研发BIM技术应用基础平台”等内容。那么，我国公路工程设计、建设和管理等工程类企业，是否具备开展BIM技术研发的条件呢？工程企业组织BIM技术开发可行吗？存在哪些问题呢？笔者结合以往工程企业从事软件等技术研发的经历，谈谈自己的粗浅认识。

2. 工程企业是否具备开展BIM软件研发的条件

如前面几篇文章所述，BIM技术的核心是相关的软件技术，包括设计阶段的三维CAD平台、三维专业CAD软件、仿真系统，也包括工程建设和运维管养阶段的应用型BIM基础信息管理平台，以及其他各类专业、专项的软件技术等。

笔者认为，我国典型的工程企业里，无论是勘察设计企业，还是建设与维护管理企业，也包括大专院校和科研机构等，普遍不具备长期从事某一领域专业软件技术研发的综合条件，包括开发、维护、服务等方面的条件。因为软件技术和产品的研发与维护，有其自身特点所决定的、不可回避的特殊性和门槛条件。具体表现为以下几方面：

(1)软件产品发展(研发与维护)具有极强的时效性。

软件技术属于信息技术的范畴，软件技术是当今世界发展最快的领域。软件技术研发、发展的最显著的特点就是：持续性和时效性，即研发周期长，更新速度快。据调查，一项软件技术，一个软件产品，从最初研发到成熟、相对完善，一般至少需要3～5年以上的时间周期。而更值得关注的是，一项软件技术，一个软件产品，如果半年以上没有重大更新和改进，就可能就会被市场、同类软件、飞速发展的软硬件环境所淘汰。

因此，软件技术的特点决定了，如果从事软件技术开发，当然包括从事工程BIM方向的软件技术开发，同样需要有长期研发、不断改进、长效维护的综合条件和准备。

(2)软件技术发展必须要有市场化激励和长期实际应用需求支撑。

实际上,国内很多工程企业尤其是大型勘察设计企业,过去都曾在不同程度上从事过专业 CAD、信息管理平台等方面的软件开发。无论其组织开发的规模大小,时间周期长短,但如果没有寄希望于软件产品市场化,只以自己开发自己使用、自给自足为目标的话,那么其结果恐怕都会是自生自灭。在道路交通、铁路、建筑工程等领域,众多勘察设计企业从事专业 CAD 软件开发失败的经历,就可以充分证明这一点。

因为,软件产品如果没有大量的、来自用户应用的实际需求反馈,没有市场化的竞争和激励,其研发易失去目标和动力,很快会进入固步自封的死循环。之后,随着时间推移,原有研发人员的技术逐渐落伍,软件更新明显跟不上计算机软硬件环境的发展形势,逐渐就会被市场化发展的专业化软件赶超,最后到被同类软件所替代。所以,市场竞争和用户需求对软件产品至关重要。

笔者了解,今天很多正在开展 BIM 研发的工程企业,实际上大多不具备长期从事软件技术开发、维护的条件;他们也并不打算要把软件产品开发和销售,发展成为本企业的一项主要业务。因而,笔者认为,如果仅仅以自给自足为目标的话,那么今天成立 BIM 中心、立项开展 BIM 软件技术开发等,恐怕是难以长期坚持发展下去的。

(3)软件开发需要专业人才和长期研发技术积累。

工程软件是跨越工程设计和计算机软件两个乃至多个学科的跨界性技术领域。从事工程软件开发,不仅需要扎实的工程相关专业知识,需要掌握工程勘察设计的流程和设计等习惯,还需要掌握最新的计算机软件技术,即通过软件技术去实现和解决工程设计中的实际需求和问题。因此,开发工程软件技术必然需要专业人才队伍和长期从事相关软件研发的技术积累,而这也恐怕是很多工程企业所不具备的。

很多工程企业组建了 BIM 研发中心,虽然名称叫作“研发中心”,但受到上述客观条件的限制,BIM 研发中心真正在做的、能做的工作,实际上主要是对各类三维 CAD 和 BIM 软件的具体工程应用罢了。至于自主研发方面，也只能是结合相关专业建模需求，开展一些小型的、参数化建模工具的开发。这些内容在 BIM 软件技术方面，肯定不属于基础平台性质的，更不属于 BIM 软件核心技术层面。在《BIM 最后一公里，抑或只是一种“忽悠”罢了》一文中，笔者通过对技术现状、二次开发内容、开发性质等方面分析和讨论，认为通过短期、介入性的开发就希望能够掌握核心技术、甚至在工程 BIM 技术方面实现弯道超车等目标，恐怕是不现实的。

(4)工程企业缺少支持软件研发的体制和机制。

退一步说，即使有 BIM 中心在某一专业方向，取得一定的自主研发和进展，但我国工程类企业、大专院校、科研机构等的体制、机制，也是无法提供给软件技术持续发展所必需的土壤条件的。毕竟，软件企业与工程设计、建设等企业的主营业务不同，关注的重点是不同的。

首先，与典型的工程企业比较，以软件技术研发、销售和维护为主要业务的纯软件型企业，其年度合同总额、产值、利润等均是很小、很薄的。据笔者了解，国内各工程方向的软件企业，无论员工总数在几十人还是上百人，其年度合同总额无非在百万或千万级别，而对应的工程勘察设计、建设等企业，年度市场合同额在数亿、数十亿的企业比比皆是。软件业务如此小的总量，加上技术研发周期长、市场收益低等因素，长此以往，从事软件技术开发的团队或机构，始终是处于被孵化、被支持的状态下。于是，在企业内部长期存在着关于“谁挣钱养活谁”“搞研发是否有意义”的讨论。还有人认为，如果把从事 BIM 研发的人力资源，投入正常的主营业务中……那么“一正一负”“一进一出”，就会得出更为明确的结论。

其次，就某一特定专业方向的软件技术而言，实际上其开发过程并不一定需要很多人员，但有一点却是非常关键的——研发人员的个人成长、薪金效益等必须与软件产品的市场效益等紧密关联。因为只有这样，研发人员才有可能在 5～10 年甚至更长的时间里，始终以软件的升级、改进、维护工作为中心，才有可能与软件“共存亡”，持续、稳定地把软件作为自己的事业。而我国各类工程企业,显然还不具备这样的体制和机制条件。

3. 全民从事 BIM 研发不应该是一种常态

近期,在全国各工程企业中,一时间成立了许多 BIM 中心和研发机构,开展 BIM 技术研发似乎成为工程界的一股风潮。这一情景,与 20 多年前计算机在各行业普及初期,全国工程企业、全民开展 CAD 开发的景象神奇地相似。但这恐怕只是 BIM 技术应用初期、技术探索阶段的一种特有现象。

毕竟,今天 BIM 软件技术自身尚不够成熟、不成体系,BIM 技术在各工程领域应用的模式和技术路线等尚不明确。无论是国内外 BIM 软件厂商,还是各类工程企业,都还不能明晰 BIM 技术到底能做什么、该做什么、要做到什么深度。甚至有的时候,大家互相之间似乎在“讲故事”,互相在“画饼”,各自描绘自己心目中的 BIM 愿景。

笔者认为,BIM 技术作为一项与工程设计、建设和管理密切相关的软件技术,今天确实需要技术研发者与工程应用方等之间相互合作,共同探索。一旦 BIM 技术趋于成熟,应用模式等逐步清晰,BIM 技术的研发者和 BIM 应用者的边界自然就会逐渐清晰。就像之前与工程勘察设计、建设管理等密切相关的 CAD 技术、信息管理平台等一样。因此,全民开展 BIM 研发不会是一种业态,也不会成为一种常态。

4. 资金和人才不是软件研发成功的充要条件

有观点认为,只要有资金支持,能找来开发所需要的人力资源,那么 BIM 开发就一定能够取得成功。笔者了解,对于我国很多工程企业而言,在短期内投入一定资金,组织一些软件开发人员是完全有条件的。但是,资金和人才只是软件研发的必要条件,不是软件研发取得成功的充要条件,还需要有准确的技术定位、合理可行的研发技术路线,还有更重要的一点,而且这一点是不可能受研发者自己的主观意愿而转移或可控制的——有利的市场环境和市场技术现状。也正是这一点,可能导致即便工程企业在某一 BIM 方向取得可用的成果,但那也只是内部使用的层面,也可能只是昙花一现罢了,难以长期立足市场、产生长期的市场价值和影响。

笔者分析,我国曾经在国家层面组织的国产 CAD 研发计划项目,并不是没有取得可用的成果,而是这些成果不能立足于今天的市场环境,未能适应今天的市场技术现状。当人们扩大视野、对周围做足够充分调查之后,就会发现似乎“全世界的人都在做相同的事情”。今天你想做、要做的事情,回头发现别人在昨天、前天就已经开始做了。而对于类似的成果,往往要看谁先占领市场,看谁的成果更能适应长远技术发展,看谁的成果更能形成技术链条……

5. 结语

综上所述,笔者认为,工程 BIM 技术的核心是相关的软件技术,而软件技术和软件企业有其自身的特点和客观规律。我国各类工程类企业、大专院校以及科研机构,一般并不具备支持软件技术和产品长期发展的体制、机制等综合条件,缺少对应的人才和技术积累,因而,往往难以支撑 BIM 及相关软件技术研发、维护和长效发展。

“前事不忘,后事之师”,我们应该汲取全民开展计算机应用、CAD 开发的经验,汲取以往国产 CAD 平台等研发失利的教训,慎重开展工程 BIM 研发工作,“有所为,而有所不为”。笔者赞同湖南某大型设计企业负责人的观点——对比长期、巨大的研发投入,与其自主研发 BIM 软件,还不如聚焦主营业务,工程勘察、设计、咨询完全市场化采购 BIM 软件,而且还能保证自己一直在使用最先进的软件技术!

笔者无意反对某家工程企业从事工程 BIM 软件开发,只是想提请工程类企业注意,在组建 BIM 研发队伍、启动 BIM 研发项目前,做好发展规划、做好市场调研与效益分析,同时应配套建立支撑软件技术长效研发、维护、市场化发展的各项支持政策和管理机制。笔者窃以为,把自己对技术发展的认识和观点,大声地讲出来,应该就是对行业和技术发展的一种小小贡献!

十二

关于BIM技术给中国工程院院士的一封公开信

尊敬的中国工程院某某院士：

您好！最近通过有关杂志和微信平台，我认真研读了您关于《中国交通基础设施面对的挑战及应对办法》一文。总体上，我非常赞同您对我国交通基础设施技术发展现状、面临问题与应对办法等的总结，但对文中关于国际、国内 BIM 技术发展等的综述结论有不同认识，希望就此与您做进一步讨论，向您反馈我们的部分观点、认识：

（以下是您文章中的综述节选："……比如，国外先进国家 BIM 应用相对较为成熟，而我国起步较晚，BIM 标准体系尚不完整，对建设期各施工环节的自动化监测与信息采集尚未普及，数据与 BIM 模型的结合与应用也还处于摸索阶段。"）

1. BIM 技术的核心无疑是与工程相关的软件技术

近 10 年来，在世界范围内，土木工程行业刮起了一股 BIM 风潮。在各种形式、各种层次的BIM研讨、技术交流中,不同人对BIM作出了不完全相同的定义和解读。无论国内、国际行业对BIM做什么样的解读和定义,但所有人都认同一点——BIM技术的核心(或支撑条件)是与工程相关的软件技术。具体细分来讲,BIM技术一般包括工程勘察设计、建设管理、维护管理等阶段需要的三维CAD技术、仿真分析技术、基于GIS环境的建设管理和资产管理系统等。对于工程勘察设计阶段而言,主要包括用来选线、创建工程方案、优化调整方案、完成各专业设计,输出各类设计成果的三维CAD技术;用来进行工程方案可视化分析、检查的虚拟仿真技术。所谓工程BIM的4D、5D技术,是在考虑时间和费用的基础上,对工程仿真分析的另一种叫法。

2. 中国是世界上最大的工程软件技术市场和软件角力场

在过去30余年间,中国是世界上交通基础设施发展最快、建设体量最大、最集中的地区,是全球工程建设需求最大的市场。在现代网络信息和我国对外开放政策等前提下,全世界规模最大、大众心目中最新、最先进的工程软件技术早就已在这里集结了。例如,全世界规模最大的工程软件开发商美国欧特克公司、美国奔特力软件公司,还有法国的达索、韩国的迈达斯、德国的Card/1等均已进入中国市场,有的甚至在20余年前就已经在把握中国基础设施建设市场的脉搏,长期在中国运营、推广了。据了解,除CAD平台之外,国内铁路、公路、市政等大型勘察设计企业,也曾在不同程度上引进过国外一些工程专业软件,例如:美国欧特克公司的Civil 3D、奔特力的Powercivil、Openroads等。

作为全世界最大的工程建设市场,中国必然是全球顶尖工程软件技术集中的地方。笔者一直从事工程软件研发、技术推广等工作,更是深刻了解——过去20年间,中国是世界工程软件残酷竞争的角力场。因此,可以说,今天中国工程建设领域的软件技术现状,正是全世界工程软件技术发展的缩影和代表;而今天能在中国市场获得普遍应用或处于垄断地位的专业软件,也必然代表着世界水平。

3. 中国的交通基础设施主体采用国产软件设计完成

事实上,在过去20年间,无论是高速公路、城市道路,还是高速铁路,国内各地、各级勘察设计企业,主体上均是采用国产工程软件来完成勘察设计任务的。尽管在基础性的CAD平台上,国内主要采用美国欧特克公司的AutoCAD平台,在桥隧结构分析上有部分采用韩国迈达斯(MIDAS)、ANSYS、SUPER等软件,但公(铁)线路几何设计、路基、桥涵、隧道、防护工程、交通工程与安全设施、土石方、交通安全分析等专业设计主要采用的是国产软件。例如纬地软件、鸿业软件、同豪软件,以及各大型企业自主研发的专业软件等。而且,随着全球定位系统(GPS)、北斗定位、激光扫描、数字地形模型(DTM)等勘测技术的普及和推广,国产软件均已经具备(或者部分具备)了BIM三维正向设计、虚拟仿真分析的技术和功能。

“外来和尚会念经”,在国人普遍更相信国外软件发展快、更先进的惯性思维下,我国交通基础设施建设却总体采用国产软件为主——这只能说明一点:在重大需求引领下,交通行业的国产CAD等软件总体已经处于世界领先水平了(至少也是与世界先进水平同步的)。这里仅从市场环境、实际工程应用(市场表现)的角度进行阐述,如果有机会希望可以从具体软件技术和功能等层面进行演示、对比、分析。

这一结论,来源于我对全国各类公路、市政、铁路等勘察设计企业用户群体、对全国各类交通基础设施建设项目的实际应用情况的调查。另外,近年来中国企业在海外承担的大型公路、铁路等设计、建设项目,主体也是采用国产软件设计完成的。

4. 尽管 IFC 标准在英国等地区发展较早，但与道路交通工程相关的 BIM 标准在国内、国外却是同步的

在报告中提到的关于 BIM 标准体系的发展情况，我有不同的看法。首先，BIM 概念源于建筑工程领域，以 IFC 为代表的 BIM 标准起草、发展确实早于国内。但我通过调研发现，由于道路交通工程等专业特点（与建筑工程的差异），国际范围内适用于交通工程领域的 BIM 标准目前尚处于不完善、甚至处于空白阶段（最快也只是处于研究、起草阶段），这与国内的 BIM 标准发展进程总体上是同步的。据了解，中国、韩国的相关机构正在参与该部分国际标准的研究、编制工作。

根据我对国际上 IFC 标准体系的调研：第一，该标准尽管已经发布了好几版，但针对公路、铁路等线性土木工程的不规则海量模型的标准，尚处于几乎空白的状态；第二，迄今为止，该标准仍然主要停留在理论阶段，包括建筑等行业在内均极少有实际工程应用。

5. 交通运输部考察调研说明，美国交通领域 BIM 技术应用并不领先于中国

2016 年 12 月，交通运输部为出台 BIM 相关的行业性指导技术政策，专门组织数十人的专业队伍，到美国众多工程企业、政法机构、软件企业等进行了专题考察调研，并编制了较为详细的专题调研报告（该报告的内容参见本书《赴美国进行 BIM 技术培训总结》）。这份专题调研报告记录了团队在接触不同调研对象时的心得和体会，明确地阐述了美国不同人群、机构对 BIM 技术发展的认识，客观总结、对比了美国与中国在交通工程 BIM 技术研发与应用的现状情况。该报告的结论足以真切地说明，美国 BIM 技术在交通领域的应用并不比中国更多、更快、更先进，甚至美国一些政府机构和工程企业并不关注 BIM 技术。

6. 对 BIM 技术的炒作只是国外软件企业理念营销的策略

如果稍作追溯就会发现,国内工程界对 BIM 技术的关注,源于国外软件厂商,如欧特克公司等的营销。他们通过多年与国内协会、学会等组织合作,以商业化赞助方式举办各类 BIM 大赛评奖活动,才掀起了所谓“BIM 是继甩掉图板后的第二次工程革命”的热潮。但作为长期从事工程软件研发与应用的人士,我非常清楚——这是典型的“新瓶装旧酒”,即在新 BIM 理念的包装之下,国外软件厂商实际推广的仍然是很早就已经进入市场的三维 CAD 软件产品而已。对于中国铁路、公路交通等勘察设计企业,显然不会有意识地只用国产软件,而避免使用国外软件。

因此,我认为,对 BIM 技术的炒作,只是国外软件企业在市场占有率低、几乎无实际工程应用的背景下,换个思路,以营销理念进而推广软件产品的市场行为罢了。今天,人们能够在网络和会议交流上看到的国外软件的成功案例,究其应用层次和时间,无非是在 BIM 浪潮冲击下,近几年才出现的少数侧重三维效果的工程三维展示案例。稍做进一步调查就会发现,这些案例多数是在 BIM 理念下对工程设计的再“翻模”。这些案例对应的实际工程设计,其主体仍然是采用国产软件完成的。

7. 结语

综上,我认为报告对国外关于 BIM 技术发展现状的综述结论不准确、不全面;在交通基础设施领域,国内 BIM 技术发展总体上与世界同步,并不落后于发达国家,也包括在 BIM 标准体系建设方面。我认为,中国交通领域的三维 CAD、BIM 设计、仿真分析等软件技术,在世界范围内处于领先水平。在今天信息化的时代,任何工程专业设计都离不开专业 CAD 等软件工具。而作为真正支撑我国交通基础设施跨越式发展的国产工程专业软件,却一直未受到各级技术管理部门的关注。

我认为,作为业界公认的专业技术权威,您的报告内容将会对整个行业产生巨大的影响。例如,会在很大程度上影响整个行业、各层面决策者的思想认识,可能会造成人们对 BIM 技术发展现状与趋势的错误研判,直接或间接导致更多国内企业盲目采用国外软件,或者使更多工程类企业盲目投入 BIM 方面的研发……作为相关专业的技术人员,我觉得有必要把我认识、掌握的情况,更准确地反馈给您。若有机会,希望能与您就工程 CAD、BIM 等技术问题进行更多讨论。

十三

道路BIM必须先模型后剖面吗?——IFC标准来反驳

1. 引言

自BIM技术在工程行业受到热捧以来,有人照搬建筑BIM的思路认为:真正的道路BIM设计,必须先创建道路三维模型,再通过剖切得到平、纵、横剖面图纸。甚至,有人批评在国内多个行业广泛应用的国产纬地道路CAD系列软件是“伪BIM”“假BIM”,宣称只有国外奔特力等公司的软件,才是所谓“真BIM”。那么,道路工程BIM技术路径的“正解”到底是什么呢?道路BIM技术真的必须“先模型后剖面”吗?以下笔者将结合道路几何设计基础原理和IFC(Industry Foundation Classes,建筑工程数据交换标准)标准进行讨论。

2. 专业设计原理决定了道路BIM的技术路径不同于建筑工程

道路工程虽然也属于大土木工程的范畴,并且道路工程也存在平、纵、横断面(或剖面)设计,类似于建筑工程的三视图,但却与建筑、机械等工程有本质性的差别。

关于道路工程与建筑工程在设计原理上的差异,以及由此决定建筑工程 BIM 技术路径不同于道路工程等内容,请参阅本书五中 3 ~6 的内容。这里不再赘述。

笔者认为,正是由于基础设计原理的差异,导致道路工程不能像建筑、机械工程那样,先以道路 BIM 模型为对象,直接进行三维设计,后通过剖面图方式获得平、纵、横(或顶、立、侧面)的剖面设计图纸成果。

3. IFC 发布的最新线性工程基础模型标准

如果说,上面基于道路几何设计原理角度的讨论只是一家之言的话,那么,笔者与各位读者分享国际 BIM 标准组织——buildingSMART 是如何定义道路与桥梁 BIM 模型的。

2015 年前,国际 BIM 标准 IFC 的重点在于建筑类工程方面,并没有适用于公路、城市道路、铁路等线性基础设施工程的 IFC 标准和模型专业分类。因此,一些希望与国际 IFC 标准接轨的道路类项目,只能把道路模型作为一种整体性的、附加性的“项目块”直接嵌入或挂在符合 IFC 标准的模型库中。实际上,这样的整体附加模型块并不具备 IFC 标准的共性,并不能实现 IFC 标准所希望的数据共享、共用的目标。因为,这样外部引用的整体附加模型块,往往只能自己生成、自己读取,并不能被第三方直接读取并应用。

直到 2015 年年底左右,buildingSMART 才首次发布了与道路工程相关的线性工程概念(基础)模型——IFC Alignment。Alignment 的标准化方法本身就包括了平面线形、纵断面线形和横断面三个相互匹配、关联的部分。然后,再由平纵横断面形成三维的空间道路实体模型。同时,IFC 非常明确地指出,Alignment 概念模型是将来构建道路标准(IFC-Road)和桥梁标准（IFC-Bridge）的底层标准或基础性标准（参见图 13-1 和图 13-2）。

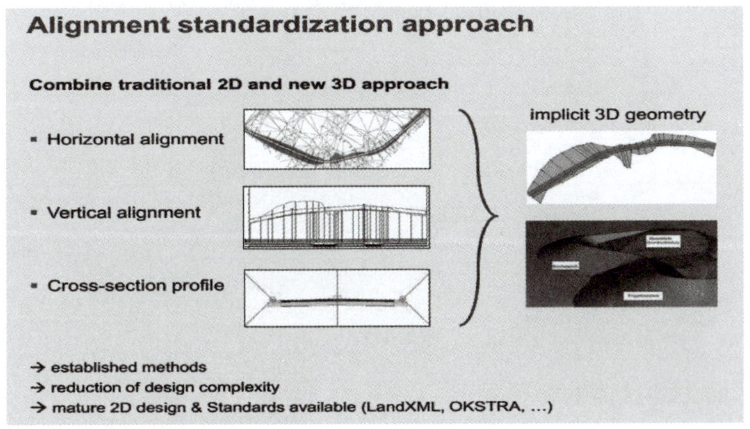

图 13-1　IFC 对 Alignment 的描述

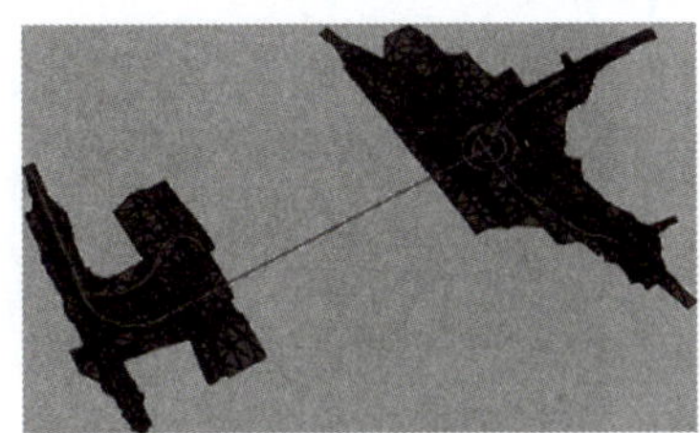

图 13-2　IFC 对路线与道路、桥梁模型关系的描述

IFC 对路线（Alignment）基础标准、道路 BIM 标准和桥梁 BIM 标准的描述和解释清晰地说明：第一，IFC 定义道路 BIM 标准和桥梁 BIM 标准的底层标准是路线线形标准，而路线线形是由平纵横断面构成的；第二，IFC 在定义道路的平纵横断面时并不是通过对道路、桥梁 BIM 模型进行剖切来形成的。

图 13-3 是 IFC 定义的线性工程的实体名称和其对应中文名称。由图可知，在 IFC-Alignment 标准中，对道路等线性工程的描述、处理方式与国内道路工程专业的几何线形组成、内容是完全一致的。

序号	实体名称	实体中文名称	说明
1	IfcAlignment	线路中心线	
2	IfcAlignment2DHorizontal	线路平面	
3	IfcAlignment2DVertical	线路纵断面	
4	IfcAlignment2DSegment	线路二维线段	
5	IfcAlignment2DHorizontalSegment	线路平面线段	
6	IfcAlignment2DVerticalSegment	线路纵断面线段	
7	IfcCurveSegment2D	二维曲线段	
8	IfcLineSegment2D	二维直线段	
9	IfcCircularArcSegment2D	二维圆弧段	
10	IfcTransitionCurve2D	二维缓和曲线	
11	IfcAlignment2DVerSegLine	线路纵断面直线段	
12	IfcAlignment2DVerSegCircularArc	线路纵断面圆曲线段	
13	IfcAlignment2DVerSegParabolicArc	线路纵断面抛物线段	
14	IfcChainageSystem	里程系统	
15	IfcChainageSystemSegment	里程段	

图 13-3

下面为其具体的解释：

线路平面(lfcAlignment2DHorizontal)用于定义线路中心线在 *X/Y* 平面上的投影。线路平面由一组有序、首尾相连的线路段(IFC Alignment 2D Horizontal Segment)组成,每个线路平面段拥有一个二维曲线段(IFC Curve Segment 2D)对象,二维曲线段对象分为二维直线段(IFC Line Segment 2D)、二维圆弧段(IFC Circular Arc Segment 2D)、二维缓和曲线(IFC Transition Curve 2D)三种。相邻线路平面线段间默认为切向连续,也可为点连续(非切向连续)。

线路纵断面(IFC Alignment 2D Vertical)为沿线路平面展开的高程曲线。线路纵断面由一组有序、首尾相连的线路纵断面线段(IFC Alignment 2D Vertical Sement)组成,线路纵断面线段分为线路纵断面直线段(IFC Alignment 2D Ver SegLine)、线路纵断面曲线段(IFC Alignment 2D Ver SegCircularArc)和线路纵断面抛物线段(IFC Alignment 2D Ver Seg-ParaboilcArc)三种。相邻线路纵断面线段间默认为切向连续,也可为点连续(非切向连续)。

以上 IFC 对路线线形(Alignment)、道路和桥梁等 BIM 标准的定义和解释,再次验证了国产纬地软件道路 BIM 的技术路径是正确的,这是道路工程的专业特点和设计原理所决定的。

4. 道路设计同样可以采用 BIM 正向设计——即平纵横与 BIM 模型实时同步

既然不能“先模型后剖切”，难道道路设计就无法实现“BIM 正向设计”了吗？不能实现 BIM 理念所倡导的“所见即所得”的效果了吗？笔者的回答是：能！同样能！

随着计算机软硬件技术的不断提升，道路 CAD 软件在克服大面积数字地面模型实时剖切、平纵横断面实时关联、海量 BIM 模型实时浏览等技术瓶颈之后，同样可以实现“所见即所得”的 BIM 正向设计。

早在 2006 年，国产纬地软件就已经实现了平、纵、横断面与道路三维模型之间的实时关联互动功能（图 13-4）。在采用双屏显示的模式下，道路工程师一边以地形图为背景，进行路线平面、纵断面和横断面的设计调整与优化，在另一边会实时刷新显示与之对应的道路实体三维模型。而此后，国外道路 CAD 软件（例如：欧特克公司的 Civil 3D 等）才开始采用相同的技术路线向这一方向跟进。

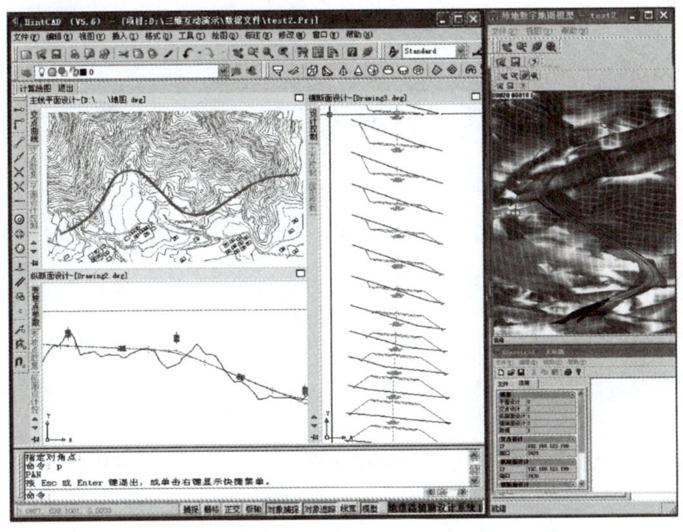

图 13-4　纬地软件三维互动功能界面（2006 年）

今天,基于自主研发的工程 BIM 设计平台,“纬地道路三维 CAD 系统”(图 13-5)又跨上了道路 BIM 正向设计的更高层面,道路工程师不仅可以在熟悉的 CAD 界面下对平纵横断面进行设计调整,还可以直接以 BIM 模型为对象,通过对 BIM 模型(夹持点)进行拖动等操作,实现对整体或局部路线方案的调整与优化。并且,纬地软件通过高效利用 GPU 和算法优化等措施,实现了对长距离路线方案、大范围 BIM 模型、大面积卫星影像或无人机影像数据的实时调用,用户体验更加流畅、灵便。

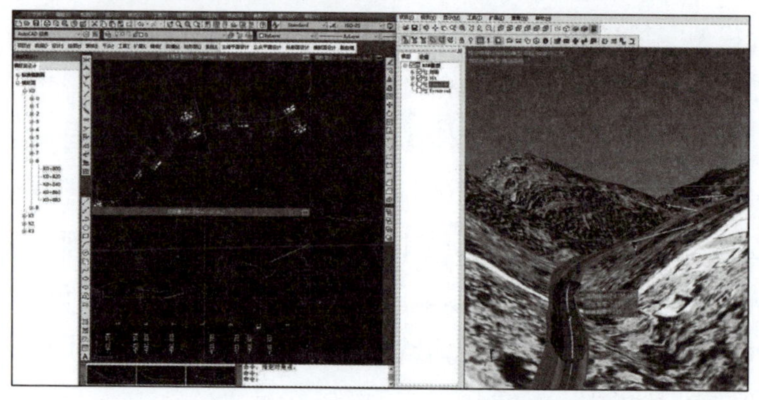

图 13-5 纬地软件道路 BIM 设计界面(新版软件)

5. 关于国内工程勘察设计行业“BIM 怪象”

近年来我国工程勘察设计行业出现了一些“BIM 怪象”:

- 某中国勘察设计协会,历年来一直在国外 BIM 软件厂商的赞助下,举办 BIM 大赛,但参赛前提是作品(或项目)必须授权国外软件宣传时使用;

- 设计单位花费重金引进国外 BIM 软件,但实际上工程师们仍然采用国产纬地系列软件在完成各类设计任务,让人费解的是有不少单位竟然使用的是盗版软件。

……

6. 结语

笔者认为，无论国际工程界对 BIM 技术发展的期许有多高，无论 BIM 技术发展的技术路线如何选择，道路工程 BIM 技术必然、也必须基于道路工程的基础设计原理与方法。从事道路 BIM 技术研发与应用，也必然要以专业知识和理论作为支撑，不能盲目地生搬硬套。

十四

为什么国外道路BIM解决方案难以落地？

1. 引言

近期，有成都地区勘察设计单位的领导专程到西安来交流 BIM 技术及其应用。在研讨交流中，大家对一个话题尤为关注——为什么国外道路 BIM 解决方案，始终难以在道路工程设计中落地应用？

大家讨论到，为了能尽快掌握与 BIM 相关的软件技术，国内部分工程设计企业先后以不菲的价格引进了国外 BIM 软件（或称为 BIM 软件解决方案）。接着，为了推进 BIM 技术在道路交通工程勘察设计中的应用，有的单位还专门组建了 BIM 探索团队，如“BIM 中心”，其目的在于通过探索和示范应用，为大面积落地推广积累经验、创造条件。

可事实是尽管 BIM 示范项目汇报时都很成功，但落地却很难。为什么 BIM 技术一直处于工程设计和应用“两张皮”的状态？为什么采用国外 BIM 软件的案例项目，主体上却是采用国产纬地软件完成实际多专业设计任务的？

以下,笔者结合对相关单位 BIM 研发与应用情况的调查掌握,谈谈国外 BIM 软件难以落地的多方面原因(图 14-1 ~ 图 14-3)。

图 14-1 道路及路域环境 BIM 模型(纬地软件)

图 14-2 道路 BIM 模型(纬地软件)

图 14-3　道路 BIM 模型(纬地软件)

2. 原因(一):专业设计功能欠缺

众所周知,不论是典型公路项目,还是市政道路,以及铁路工程等的勘察设计任务,都包括了道路几何、桥涵、隧道、支挡构造物、交通工程与安全设施、土石方调配利用、工程地质、安全分析等多个专业的设计任务。而无论是欧特克公司,还是奔特力公司的 BIM 解决方案,都只具备上述多专业中的 1 ~2 个专业的设计功能,根本无法实现多专业的设计任务。而达索公司的软件解决方案更完全就是一款针对工业 3D 的设计软件,完全不具备任何与道路等土木工程相关的专业设计功能。

因此,欠缺专业设计功能是多数 BIM 成功案例项目的实际设计最终采用国产纬地软件的根本原因。所谓 BIM 应用只是采用国外 BIM 软件对原设计的“翻模”和“再展示”。

3. 原因(二):采用非主流的 CAD 平台

笔者掌握,除了欧特克公司之外,国外 BIM 软件解决方案都采用非主流 CAD 平台,如:Microstation、CATIA 等。这就意味着,如果采用上述

国外 BIM 软件解决方案，大部分工程设计人员都必须学习、掌握一个完全不同的 CAD 平台环境。而对于工程师而言，更换 CAD 平台无异于更换一个操作系统，需要重新学习和适应。何况，为了使用 BIM 技术采用这些非主流的 CAD 平台之后，工程师在进行路线主体设计时还必须使用现有 AutoCAD 平台，这就导致工程设计人员频繁地在多个软件平台之间来回切换，把图纸、数据从这个平台转到另一平台……

这些给工程师们增加的工作量和难度，让工程师们难以适应。尤其是在我国各类工程项目竞争激烈，且工程项目设计周期一再压缩的情况下。有时，即便是设计人员主动想切换使用新的 CAD 平台，可紧迫的任务并不给他们学习、摸索的时间。尽管有观点认为只有被列为单位的“一把手工程”，才有可能推动，但客观情况毕竟难以克服，导致事情的性质发生了改变，新技术推广最终却成了“赶鸭子上架”。

4. 原因(三)：无法自动输出符合要求的设计成果(图表)

目前，在国内道路交通行业推广的国外 BIM 软件解决方案，均不能按照国内公路、市政或铁路工程等专业要求，自动输出多专业规范化的设计图表成果。因此，即便有工程项目采用国外 BIM 软件开展某个专业的设计，但是为了输出图表成果，又必须重新将数据导入到国产纬地等软件中。这也是在 BIM 技术落地过程中，让很多工程设计人员难以接受的实际情况。

由于国外工程建设程序、习惯等与国内不同，国外项目的设计深度(设计单位的工作深度)一般相当于国内初步设计阶段，而用于指导具体施工的详细设计图纸(即施工图设计)，一般是由项目施工或总包企业在施工阶段自主细化完成的。因为需求差异，导致国外道路 CAD 软件在成果表达方面远远不如国产软件来得更加自动化，效率更高，国产专业 CAD 软件甚至连页码、图号等信息都会编排好。

笔者也注意到,有的单位在引进国外 BIM 软件之后,专门在国外软件道路几何设计功能的基础上,二次开发了部分路线专业绘图出表的功能。这对于国外 BIM 软件推广是有益的。但是,对于 BIM 技术落地却仍然是“杯水车薪”,毕竟,道路设计需要解决多个专业的设计任务。况且,正如前文提到的,国外软件根本就没有路基、挡土墙、涵洞、交通工程、隧道、安全设施等专业设计功能。

5. 原因(四):难以避免大量手工“翻模”,耗时费力

BIM 应用的基础和前提是“模型”,那么,首先,BIM 模型是如何创建呢?根据调查,在各类应用国外 BIM 软件的案例项目中,除了道路路基和部分桥梁模型是软件可以直接生成,或者通过二次开发的工具半自动化生成的之外,其他各类构造物、沿线设施、交通工程等的模型,几乎全部是手工“翻模”产生的。在工程 BIM 应用中常见的 Revit 软件,对于道路工程而言,就是彻头彻尾的“翻模”工具。而不具备任何道路专业设计功能的达索公司的 BIM 解决方案,完全就是提供了一款“高级的翻模工具”罢了。

据了解,确实已经有一些单位的 BIM 中心在国外 BIM 软件的基础上进行了一些二次开发。但仔细调查就会发现,多数二次开发所做的工作都是:通过录入或读入(纬地软件的)专业设计数据,以参数化方式实现快速化 BIM 建模。而这些工作的实质仍然属于“翻模”的性质——毕竟,工程设计方案并不是在“翻模”中产生的,而是在“翻模”前就存在了。所以,“翻模”是今天几乎所有案例中无法回避的现实情况。那为什么工程界开始一致反对“翻模”呢?

其一,只要有“翻模”的过程存在,就证明 BIM 技术并未真正应用到工程项目的具体设计之中,尤其是未落地到项目设计方案从无到有的产生过程。而这恰恰背离了 BIM 应用的初衷。对于设计阶段而言,BIM 最核心的应用和价值是工程方案设计。

其二,尽管不同项目有不同特点,“翻模”的工作量有所差异,但总体上,各类公路、城市道路、铁路项目 BIM 应用中,均花费了大量人力和时间集中在“翻模”方面。并且,一个不可避免、却最让 BIM 应用团队恼火的是,每次项目设计方案发生调整之后,就可能导致大量“翻模”工作需要重来一遍。

是的,不仅仅因为“翻模”不是 BIM 理念所倡导的“正向设计”目标,而且“翻模”所花费的人力和时间,甚至超过工程设计本身——从量变到质变,事情的性质就完全不同了。

6. 原因(五):无法实现 BIM 模型自动属性信息关联

根据 BIM 技术服务于工程项目全生命周期的理念,BIM 技术应用的价值在于以模型为载体,在工程不同阶段和参与方之间共享和传递信息。在讨论了“模型”之后,再来讨论与模型关联的“信息”。

笔者注意到,在各类场合看到的道路工程 BIM 应用案例,人们都在展示工程项目的三维场景、都在宣讲碰撞检查、都在展望 BIM 的愿景……极少有项目提到“模型信息”,信息从哪里来?信息与模型又是怎么关联起来的呢?

显然,通过手工“翻模”或者采用参数化工具半自动“翻模”时,模型的信息是不能自动添加并与 BIM 模型关联的,只能通过手工遍历所有模型和部件,一个个、一件件、一条条地去编辑、添加,手工编辑添加模型与模型、部件与部件之间的拓扑关系等。试想,一条 50km 的公路项目包含各类、各专业模型和部件上千万个,手工添加属性和信息的工作量绝对算是海量的了。

所以,准确地说,“道路 BIM 自动建模和属性信息关联”是 BIM 技术在道路工程行业落地应用的关键技术瓶颈。今天,极少有人谈到“模型信息”,其原因也是明摆着的——在今天“翻模”的总体思路下,是无法真正实现模型自动创建、模型 BIM 编码和模型属性等的自动关联的。

7. 原因(六):不能提高工程勘测设计效率

在工程勘察设计领域(甚至在整个工业自动化与信息化领域),任何一项新的技术或措施要更新并替换既有的技术,必然相对于既有技术需有本质的改变,尤其是在效率方面。可今天,国外 BIM 软件落地应用却是在明确降低工程设计效率。

2016 年年底,交通运输部对全国多个地区、多个 BIM 应用案例的调查结论指出:当前道路工程领域 BIM 应用(与既有设计技术比较),整体效率明显是降低的。而且,项目地形地质条件越复杂、沿线构造物设施越多,效率降低越多。

8. 原因(七):只关注表面成绩,忽视了背后的问题和困难

尽管这似乎不属于专业技术层面,但对于国外 BIM 软件技术落地成败问题,却是不得不提的一点。有单位虽然 BIM 示范应用项目貌似很成功,甚至还获得某某 BIM 大奖,但在实际工程大面积推广应用时却遇到了巨大的困难。

在各类 BIM 宣讲活动中,一些开展 BIM 应用探索的部门和人员更多地宣讲 BIM 应用取得的表面成绩,却忽视了背后存在的诸多问题。例如:很少有项目客观地说明为了“翻模”,所花费的大量人力和时间成本;几乎没有项目准确总结 BIM 应用中必须同时在 *N* 多个工具、软件之间频繁切换、数据转换……而这样“报喜不报忧”,最终导致一些单位决策失误,直到大面积推广时,才暴露出本文前面述及的一系列问题和瓶颈。

9. 结语

当人们只关注表面的成绩成效，忽视了背后尚存在的问题和技术瓶颈的时；当人们都以偏概全，报喜不报忧，只拼炫酷效果，不关心实际花费了多少人力和时间成本时；当以获得 BIM 大赛奖项作为技术成熟的依据时；当人们还习惯性迷信“外来和尚会念经”时；当人们寄希望于在毫无技术积累的条件下就能“弯道超车”“掌握核心技术”时……BIM 落地应用的先天缺陷就已经被埋在根基深处了，只会在经过多次无谓的循环之后，随着时间推移再次暴露出来。

十五

道路BIM技术难以落地应用，如何破局？

1. 引言

如前所述，当前道路工程行业 BIM 发展进入了一个瓶颈期。很多人开始质疑和反思："BIM 的路线我们走对了吗？如何才能突破大量翻模的窘境？"下面，笔者在对 BIM 技术落地中出现的问题、困难展开讨论的基础上，以国产纬地软件的 BIM 2.0 解决方案为例，介绍他们道路 BIM 的技术路径和发展情况。

2. 道路工程 BIM 应用现状

近期，通过行业相关专题调研发现，尽管 BIM 技术在整个行业中受到高度关注，有的企业斥巨资引进国外 BIM 软件解决方案，成立 BIM 中心，开展工程应用示范。但实际应用情况，却远非人们所希望的那样乐观，主要表现在以下方面：

(1)多数项目中 BIM 应用存在“两张皮”现象，即一个团队(原工程设计团队)采用既有 CAD 软件完成工程专业设计，另一个团队(如 BIM 中心)开展 BIM 建模与应用。

(2)几乎所有 BIM 应用项目中，均存在大量的“翻模”工作，即对照既有设计图纸，通过手工或半手工进行翻模来获得工程 BIM 模型，进而开展碰撞检查、施工仿真模拟等应用。翻模过程耗时、费力，不具技术含量。

(3)多数项目 BIM 应用主要集中在“三维展示”和“碰撞检查”方面；仅有少数项目开展了施工工艺、工序的模拟仿真。

(4)多数项目和专业并没有实现“BIM 正向设计”，更不能实现多专业“协同设计”。

(5)多数应用 BIM 技术的项目，其整体效率是降低的，而不是提高的。

3. 为什么人们都在纠结“BIM 正向设计”？

不论是在道路交通工程行业，还是在建筑、水电、铁路等行业，人们在开展一段时间的 BIM 应用实践之后，不约而同地开始强调“BIM 正向设计”(图 15-1、图 15-2)。那么，为什么人们一致推崇“正向设计”？什么是正向设计呢？

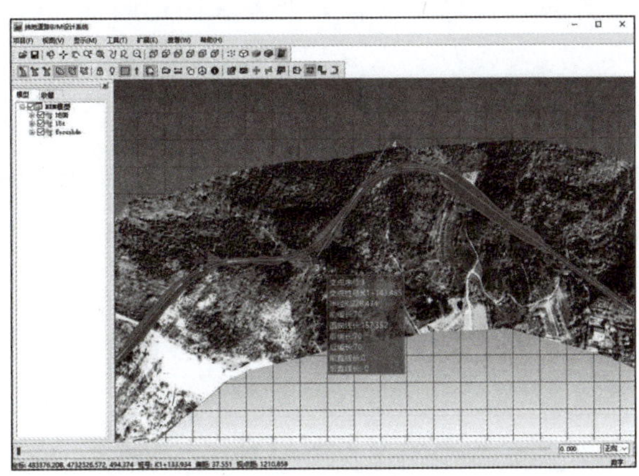

图 15-1　BIM2.0 几何正向设计界面(纬地软件)

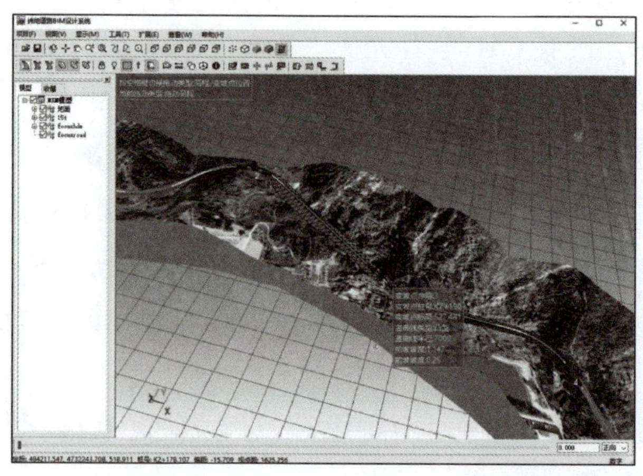

图 15-2　BIM2.0 路线正向设计截图(纬地软件)

“BIM 正向设计”是相对于当前普遍采用的、通过对既有设计图纸进行“翻模”来创建 BIM 模型的技术路线而言的。首先,对照设计图纸翻模,说明 BIM 技术并未参与到工程设计的过程之中,有悖于 BIM 模型和信息在工程全生命周期内、在不同建设阶段之间共享、传递的初衷。其次,对照图纸翻模,还经常因为翻模人员的专业知识和理解能力出现错误问题。而最让 BIM 应用者有苦难言的是——翻模工作在很多时候毫无技术含量可言,但工作量却巨大。一般而言,翻模的工作量并不亚于该工程常规设计的工作量。如果工程方案需多次优化调整,翻模的工作量还会更大。

因此,“BIM 正向设计”强调:

- BIM 模型和技术应用,必须贯穿工程方案从无到有的设计过程;
- 在工程方案设计中,必须有 BIM 模型作为可视化的验证对象和环节;
- 有条件时,在工程设计优化过程中,能够直接以 BIM 模型为操作对象。

面对当前各类 BIM 应用均存在大量翻模、效率低下等问题和现状,工程届逐步形成对“BIM 正向设计”的共识,主要包括:

• 只要有“翻模”过程，就证明 BIM 技术没有参与工程方案从无到有的实际“设计过程”，说明 BIM 技术并未真正应用到工程设计阶段。

• “翻模”绝不是“正向设计”，一个项目“翻模”的工作量越多，必然离正向设计的目标越远。

• 只有真正实现多专业“BIM 正向设计”，才能从根本上消除“翻模”现象，才能破解海量模型创建到自动更新的技术瓶颈，才有可能提高设计效率，才能从根本上体现 BIM 对工程设计的价值。

4. 为什么国外 BIM 软件距离正向设计更远？

一些单位在经过多个项目的 BIM 应用实践之后，不得不承认：实际上，与国内专业软件比较，国外 BIM 软件距离正向设计的目标更远。而导致这一结论的主要原因在于：

道路工程设计是一项多专业集成的协同化设计任务。目前，国外 BIM 软件解决方案仅有其中 1 ~2 个专业的设计功能，根本无法实现多专业 BIM 协同设计任务。而以国外 BIM 软件为基础，通过二次开发实现多专业 BIM 正向设计的“路途遥远”，不仅需要投入大量的人力、物力，而且开发的工作量巨大、周期很长，绝不是“最后一公里”的概念。具体可参见本书第四章的相关内容。

5. 如何破解道路 BIM 应用的关键技术瓶颈？

众多 BIM 应用案例表明，当前基于国外 BIM 软件大量“翻模”的技术路径无法破解——道路工程从多专业正向设计，到海量 BIM 模型（或达到千万级以上）的创建更新，以及海量模型属性赋予、信息关联等环节的关键技术瓶颈。那么，如何才能破解道路 BIM 落地中的关键技术瓶颈呢？

首先，需要从 BIM 建模如何创建开始说起。要避免大量手工翻模，提高建模效率，唯一的选择就是实现自动建模。而实现自动建模，只有利用专业数据、开发软件才有可能实现。可专业数据又如何获取呢？对道路工程，其数量和分类是极其庞杂的，不可能由工程师手工录入。而目前，只有专业 CAD 软件，才拥有完整的工程设计基础数据。

因此，只有通过覆盖道路多专业领域的专业 CAD 软件，才能实现道路工程多专业“正向设计”与“自动建模”的一体化，并同时自动为所有模型和部件添加属性信息。另外，也只有专业 CAD 软件，才能让一线工程师无障碍切入 BIM 应用，改变当前工程设计与 BIM 应用“两张皮”的现状（图 15-3、图 15-4）。

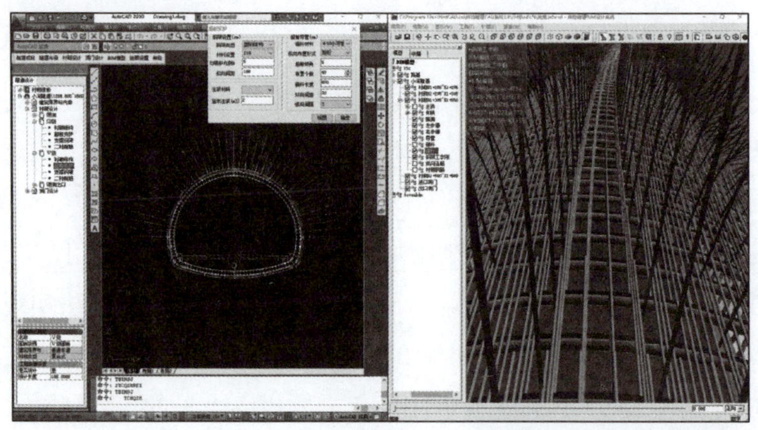

图 15-3　BIM2.0 隧道 BIM 属性关联截图（纬地软件）

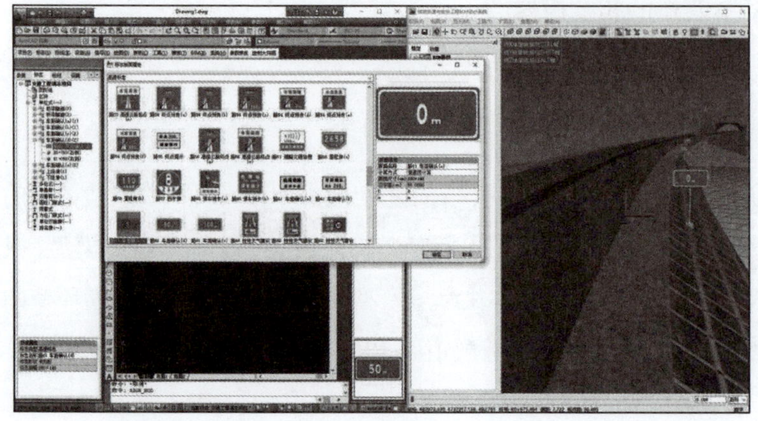

图 15-4　BIM2.0 交通工程 BIM 设计截图（纬地软件）

6.“纬地 BIM2.0 解决方案”的新高度

“纬地软件”是我国道路交通行业应用最广泛的专业 CAD 软件解决方案，是国产道路交通工程 CAD 软件的代表。在全球 BIM 风潮掀起时，纬地软件凭借对道路工程专业的深刻理解和深厚的技术积累，选择了一条“以我为主、自力更生”的道路。纬地软件很早就研判到——只有基于专业三维 CAD 软件，才能彻底破解 BIM 应用将会面临的一系列关键技术瓶颈。

2018 年 10 月份，经过不懈努力和技术创新，纬地软件发布了“纬地 BIM2.0 解决方案”，把道路工程 BIM 应用推到一个全新的高度。其特征（高度）主要表现在以下四方面：

（1）实现道路工程多专业 BIM 正向设计

“纬地 BIM2.0”由 10 款专业 CAD 软件系统组成，覆盖了道路几何、挡土墙、路基、交通工程与安全设施、涵洞、工程地质、隧道、土石方、安全分析、虚拟仿真等专业设计任务（图 15-5）。而且，纬地软件将自主开发的“工程 BIM 设计平台”与每一款专业 CAD 系统结合，实现了“常规三维 CAD 设计”与“BIM 正向设计”的高度集成。

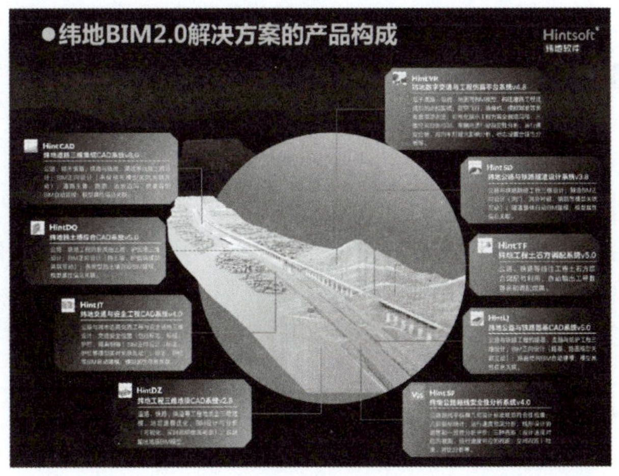

图 15-5　BIM2.0 的产品组成（纬地软件）

对于已熟练掌握纬地道路三维 CAD 系列软件的一线工程设计人员，无需培训便可随时从常规 CAD 设计界面切换到 BIM 设计环境，无障碍地开展基于工程 BIM 模型的正向设计与优化。

(2)实现多专业 BIM 自动建模与属性关联

基于 BIM 正向设计数据，纬地 BIM2.0 实现了多专业、“一键式”自动建模功能。与当前基于 Revit 或二次开发的翻模工具比，纬地软件不仅自动建模的精度达到施工图设计的对应精度，而且仅建模效率就提高了数十倍以上。

在自动建模的同时，纬地 BIM2.0 实现了对模型部件的自动 BIM 编码和属性信息关联功能，彻底突破了海量 BIM 建模、BIM 编码、属性关联等的关键技术瓶颈。这恐怕是当前多数 BIM 应用项目无法想象的事情。

(3)实现交通安全专业仿真分析功能

很多工程 BIM 应用发现，“碰撞检查”对于以常规结构为主的道路工程而言，常常形同鸡肋。纬地 BIM2.0 很早便越过了“碰撞检查”的浅表层次，研发推出了针对道路工程的“数字工程仿真平台”。在纬地 BIM2.0 解决方案中，把 BIM 与虚拟现实技术结合，实现一系列与交通安全、工程设计合理性等相关的仿真分析功能(图 15-6)。

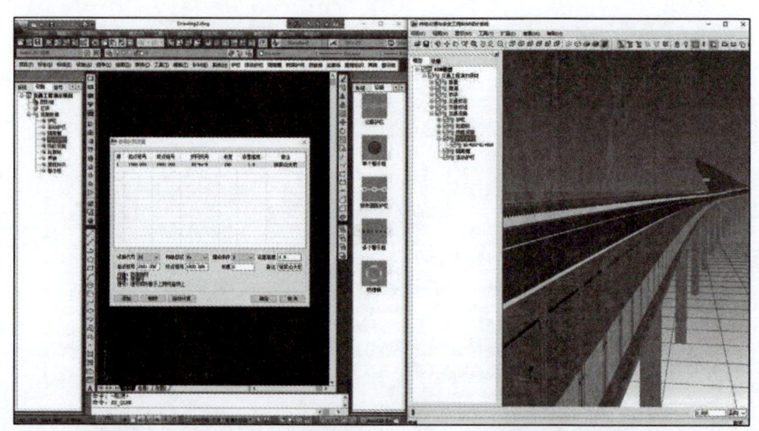

图 15-6　BIM2.0 安全设施 BIM 设计截图(纬地软件)

例如：随时检测分析道路上任意一个车道的停车视距(图 15-7)；自

动预测分析公路不同方向的运行速度；对车辆以不同速度通过弯道时的超高与稳定性进行分析记录；对对向车辆（支持货车、高铁等）灯光进行眩光影响分析等。而这些实用性功能，正是公路项目交通安全性评价的要点内容。

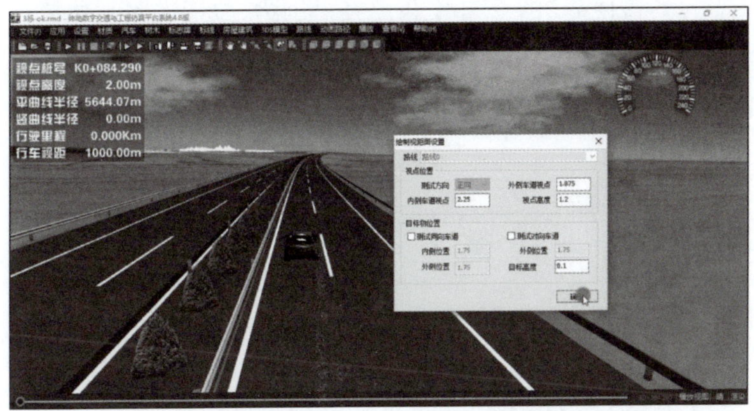

图 15-7　BIM2.0 视距检测分析界面（纬地软件）

下图是基于纬地 BIM2.0 解决方案研发集成的大型道路驾驶模拟舱系统。对于一般公路设计任务而言，在几何设计完成之后，只需要 1～2 个工作日的准备，工程师便可以在其设计的公路上驾驶体验了（图 15-8）。

图 15-8　BIM2.0 支持大型驾驶模拟舱实景

(4)支持多专业高效 BIM 交付

近期,国内有部分地区、城市要求市政工程中的道路工程项目在常规设计成果之外,提交 BIM 成果,即进行 BIM 交付。与当前很多单位采用的基于翻模的 BIM 技术思路比较,纬地 BIM2.0 解决方案无疑提供了一条"距离最短、最便捷"的 BIM 交付路径。因为,包括道路主体模型在内,前面提及的路基路面、边坡支挡结构、各类构造物、交通工程与安全设施等的 BIM 模型(图 15-9),全部可以交给软件自动生成。

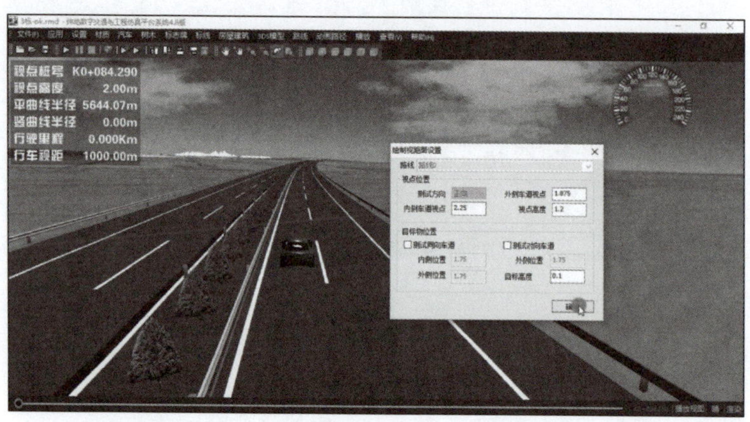

图 15-9　BIM2.0 隧道洞门 BIM 设计截图(纬地软件)

而且,考虑到 BIM 标准的通用性,在自动为海量模型、部件进行 BIM 编码的同时,纬地 BIM2.0 还可实现 BIM 编码的定制功能。用户可以选择采用不同的编码规则,以满足不同行业 BIM 标准等的变化需求。

7. 结语

本文介绍了"纬地 BIM2.0 解决方案"在"BIM 正向设计与自动建模一体化"技术方面的最新技术发展。那么,如果聚焦在道路勘测设计阶段,国产软件能超越国外 BIM 软件成为 BIM 技术落地应用的破局者吗?我们拭目以待。

但是,至少今天我们可以确认:

第一，实现多专业“BIM 正向设计”与“自动建模”一体化，在提高设计和建模效率方面的优势是显而易见的。第二，把“常规 CAD 设计”与“BIM 正向设计”高度集成，对于一线道路工程师直接切入 BIM 应用、改变“两张皮”的应用现状等，具有天然优势。

选择纬地BIM解决方案的8条理由

1. 引言

前文中，笔者结合道路交通专业特点，在对国内外道路 BIM 解决方案分析的基础上，论证提出了道路 BIM 的技术路径，提出了道路 BIM 解决方案的切入点。本文笔者将延续前面的相关结论，以国产纬地软件为例，介绍纬地软件道路三维设计与 BIM 一体化解决方案的主体内容和综合优势，也是选择纬地 BIM 解决方案的主要理由。

2. 纬地道路 BIM2.0 解决方案概述

纬地软件是目前国内土木工程领域应用最为广泛的国产道路与交通专业三维 CAD 软件。纬地道路 BIM 解决方案主要由路线几何、路基、桥涵、隧道、支挡构造物、土方、交通工程与安全设施、工程地质等三维设计与仿真分析模块组成。

对照BIM应用的三大核心任务和目标(BIM设计、BIM仿真分析和BIM交付),纬地道路BIM解决方案的主要功能与应用包含以下内容(图16-1)。

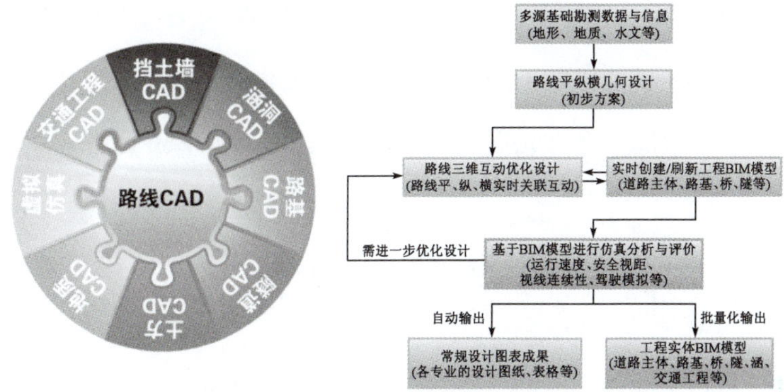

图16-1　纬地道路BIM解决方案与流程(纬地软件)

(1)道路及各专业全三维、协同设计(包括路线几何、路基、桥涵、隧道、支挡防护构造物、土方、交通工程与安全设施、工程地质等)。

(2)道路主体及各附属工程BIM一体化、自动建模(图16-2),自动为各模型部件添加BIM编码、添加属性信息(自动构建工程各部件的BIM模型,采用纬地道路BIM编码规则)。

图16-2　高速公路BIM视景建模(纬地软件)

(3)道路实景建模仿真,实现多视角、多方式漫游、浏览(支持行走、驾驶、飞行等漫游方式,可支持大型驾驶模拟设备套件及操作)。

(4)工程4D仿真分析(如模拟推演工程施工工艺和工序,进行各类碰撞检查等)。

(5)道路与交通专业仿真分析与评价(如线形连续性分析,视距检测分析、行车稳定性分析、运行速度分析等)。

(6)工程设计 BIM 交付(可按指定格式交付 BIM 模型及成果资料等)。

3. 选择纬地道路 BIM2.0 解决方案的 8 条理由

相对于国外软件道路 BIM 解决方案,纬地道路 BIM2.0 解决方案的综合优势可总结为以下 8 个方面,或者称为选择纬地 BIM 解决方案的 8 条理由:

理由(一):兼顾国际通用三维 CAD 平台,突破三维模型处理速度瓶颈

纬地道路 BIM 解决方案在道路主体及各专业三维设计方面,采用了在国际、国内工程行业应用最为广泛、二次开发能力最强的 Autocadcad 图形平台。与其他小众的 CAD 环境比较,采用 Autocad 作为三维设计平台,不仅符合公路工程、乃至整个土木工程勘察设计行业的应用习惯,而且能够与相关专业的、细分的专业软件高效配合,发挥既有专业 CAD 软件的整体优势(图 16-3、图 16-4)。对于道路勘察设计企业应用而言,能够充分发挥各专业协同设计、数据共享互用等优势,有助于整个项目多专业的设计效率。(可参见本书八《如何选择道路 BIM 三维设计平台?》的相关内容)

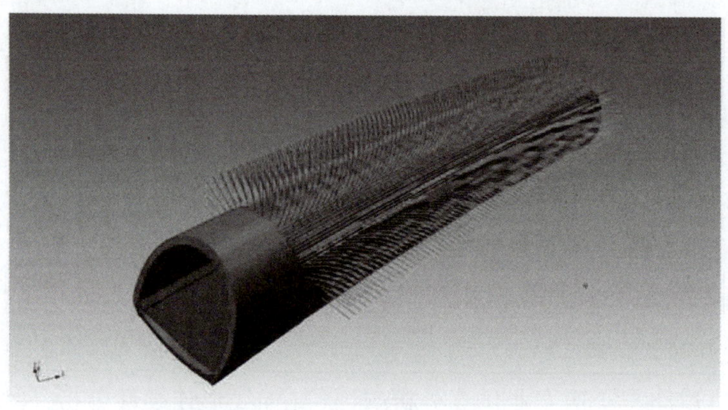

图 16-3　公路隧道 BIM 设计(纬地软件)

图 16-4　道路标志版面设计(纬地软件)

同时，针对道路 BIM 应用存在的“线长、面广、量大”等特点和需求，纬地软件通过自主开发的工程数字仿真平台(技术)，突破了 Autocad 在三维模型和大数据量处理方面的瓶颈，可以轻松实现对上百公里、大面积数字地面模型、海量工程 BIM 模型等的构建与调度处理操作。

理由(二)：道路及多专业三维数字化设计技术领先于国际同类软件

经过 20 余年的持续研发和技术创新，纬地软件拥有海量数字地面模型构建技术、道路路线三维关联互动技术、路线智能布线技术、道路智能模板设计技术、路线运行速度分析与安全评价技术、三维地质重构与再现技术等一系列专有技术，并拥有十余款专业软件的完全知识产权。

全国 5000 余家以上大中型勘察设计企业、近 20 年的国内外重大工程项目实际应用表明，纬地软件不仅能够满足各类复杂道路项目勘察设计的需求，并且能够满足国际复杂工程的设计任务。由中国企业承建的阿尔及利亚东西高速公路(700km)、东非蒙内铁路(470km)、埃塞俄比亚 WM 铁路、肯尼亚内马铁路等一大批大型国际重大工程项目，均采用纬地软件进行设计。经中国公路学会等组织鉴定，纬地软件路线、构造物及沿线设施的三维协同设计技术、道路 BIM 一体化建模技术等，均已处于国际同类软件的领先水平。

理由(三):三维协同设计功能覆盖道路及各相关专业

道路工程设计涉及路线之外的十多个细分专业。目前,国外软件厂商提供的道路 BIM 解决方案,往往只能完成道路路线的主体三维设计功能,无法完成其他多个专业的设计任务。这就导致设计单位在采用国外 BIM 解决方案的同时,还必须依赖既有的国产纬地软件等进行道路主体及相关专业设计任务。更何况,国外软件在输出符合国内相关专业设计习惯和规范的常规图纸的功能方面还不完善,只能通过用户层面的二次开发解决。

与国外 BIM 解决方案比较,纬地道路 BIM 解决方案中的专业设计模块,最大限度地覆盖了路线、路基、桥涵、隧道、支挡防护构造物、土方、交通工程与安全设施、工程地质等多个相关专业和内容(图 16-5)。设计企业应用纬地 BIM 解决方案,不仅能够彻底改变国外 BIM 解决方案无法避免的设计与 BIM 应用“两张皮”的现状,真正实现“正向设计”,而且可以整体性提高道路各专业整体设计效率,更大限度地发挥 BIM 技术在设计阶段的应用价值。

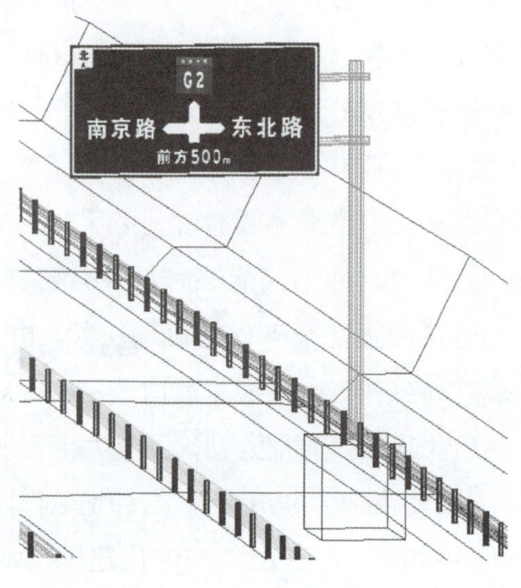

图 16-5　道路标志 BIM 设计(纬地软件)

理由(四):实现了多专业三维设计与 BIM 一体化自动建模

前文分析,道路工程涉及相关十余个细分的专业内容,而多个专业领域的三维化设计与 BIM 建模必须从专业的 CAD 软件切入,才能彻底改变设计与翻模“两张皮”的现状,才能真正实现正向设计。纬地软件正是遵循这一技术路径,通过创新性研发,在实现了路线、路基、桥涵(图 16-6)、隧道、支挡防护构造物、土方、交通工程及安全设施、工程地质等的三维数字化设计的同时,可以实现道路及各类构造物等的一体化自动建模功能。工程设计人员不仅可以在各专业设计的过程中,直观浏览工程 BIM 模型的修改和变化,或者通过选择性修改模型,实现对设计的修改和优化过程;而且,设计任务一旦完成,设计人员只需要发送一个命令,纬地软件就会自动构建并输出道路主体与各类构造物精细、准确的 BIM 模型。BIM 建模的效率,是手工“翻模”和采用其他二次开发的工具软件建模无法比拟的。

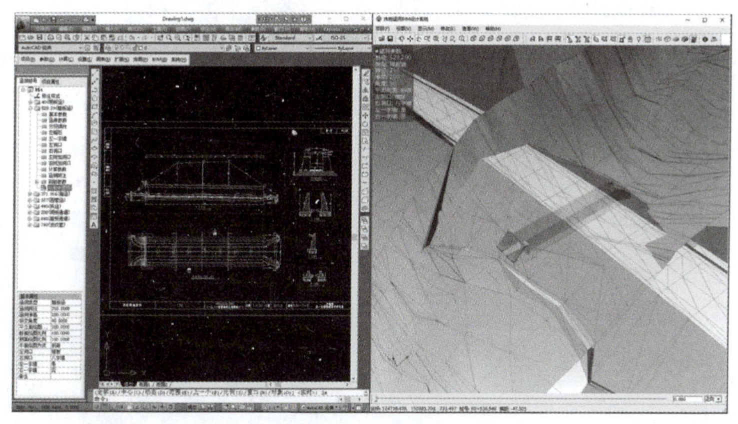

图 16-6　公路涵洞 BIM 设计(纬地软件)

理由(五):能够实现 BIM 模型与部件属性的自动关联

按照 BIM 技术发展的理念,BIM 技术应用的价值不仅体现在设计阶段,更体现在工程建设和管养等阶段。而 BIM 技术在不同阶段应用的核心之一在于模型和模型上附加的各种属性信息。而目前,国外 BIM 解决方案，因为不包括道路相关专业的三维设计和自动建模功能，因此，无法实现 BIM 模型和部件的属性关联功能，也更不可能在模型建立之后，通过手工等方式去逐一添加属性信息——因为其工作量是海量的。

纬地道路 BIM 解决方案基于多专业的三维设计和 BIM 一体化建模功能，由软件根据细分专业的设计功能，在一体化建模的同时，可以自动为 BIM 模型和部件添加与之对应的 BIM 编码，自动关联空间位置、属性、材料等各类信息。这样，才能彻底打通 BIM 应用从设计阶段向工程建设乃至管养阶段传递 BIM 模型和属性的技术瓶颈。目前，纬地 BIM 解决方案中的属性关联功能，正基于纬地软件《道路 BIM 编码规则》在进一步研发扩展之中。

理由(六)：以“碰撞检查”为基础，提供更专业的仿真分析功能

在道路勘察设计阶段，BIM 应用的另一侧重点就是基于 BIM 模型开展碰撞检查等仿真分析，为工程方案优化、施工组织等提供支撑(图 16-7)。BIM 仿真分析在复杂建筑、管线等工程项目中，应用较多的是“碰撞检查”。对于道路与交通工程而言，基于模型空间关系基础上的“碰撞检查”有时并没多少必要性。BIM 应用需求更多是与道路和交通工程结合更紧密的、专业性的分析评价应用。

图 16-7　BIM 分析应用——方案设计优化(纬地软件)

纬地软件早在 2003 年就已经发布工程数字仿真平台系统，陆续向道路交通行业提供了一系列的、更为专业性的分析评价功能，具体包括：道路视线连续性分析、公路运行速度分析、行车安全视距检测、复杂曲线路

段行车稳定性验算、交通工程及安全设施有效性和合理性检验等。这些与道路各专业紧密结合的仿真分析功能,为道路交通建设项目方案比选优化、为公路项目安全性评价提供了科学、定量化的评价指标和数据支撑(图16-8)。

图16-8 BIM分析应用——高速公路运行分析(纬地软件)

值得特别说明的是,"纬地工程数字仿真平台"还是大型模拟驾驶舱视景仿真系统环境。近期,由该平台支撑的国内首个完全自主研发的具备支持多自由度、三维主体立体视景效果的实车模拟驾驶(舱)系统(图16-9),已经国家陆地交通气象灾害防治技术国家实验室(昆明)和交通安全与应急保障技术行业研发中心(西安)通过正式验收,开始投入科研应用。

图16-9 大型实车驾驶模拟舱系统

理由(七):首创道路工程 BIM 交付平台和技术——数字公路基础信息平台

早在 2007 年,BIM 概念在国内外受到关注之前,纬地软件就结合中交第一公路勘察设计研究院、安徽省岳西至潜山高速公路、广东省湛徐高速公路、包茂高速公路等,研发成功了完全符合 BIM 理念的公路工程数字化交付系统——数字公路基础信息平台,并在国内数条高速公路项目的建设期得到一定的应用。

该平台同时将地理信息系统(GIS)和工程仿真平台捆绑融合,以"工程三维模型 + 工程设计图档 + 工程空间地理位置关系"的方式,通过定制开发方式实现了多条高速公路建设项目的全三维、数字化的交付(图 16-10)。并且,基于这些研发和实践,纬地软件在国内最早开展了对道路工程 BIM 编码规则与 BIM 设计标准等的研究工作。同时,由于"数字公路平台"无论是数据,还是平台架构,均是完全开放的,可直接作为建设期和运维管养阶段通用的资产管理系统。

图 16-10　BIM 交付平台——数字公路信息平台(纬地软件)

理由(八):具有跨行业、普及性应用的基础条件,BIM 推广应用的路径最短

相对于各大软件厂商提供的各具特色的 BIM 解决方案,纬地软件 BIM 解决方案拥有另一个无可替代的优势——即具有跨行业的、普及性应用基础条件。根据对“2017 年度中国设计企业 60 强”的统计分析,公路、市政、铁路、轨道、电力与水电、航道等大型勘察设计企业中,90% 以上的设计企业均已引进并正在使用纬地软件进行各类道路与交通项目的勘察设计任务。据统计,纬地软件在中国具有 5000 家以上的企业(单位)级用户,是目前中国乃至全世界道路与交通勘察设计领域应用最为广泛的专业软件;中国企业每年采用纬地软件完成国内外、各类道路设计任务达到 5000km 以上。

因此,设计企业采用纬地软件 BIM 解决方案时,在软件部署周期、软件采购成本、人员培训周期、与既有各专业设计工作衔接、专业人员接受度等方面,具有得天独厚的优势(图 16-11)。毕竟,道路设计企业中,工程师正在使用的就是纬地系列软件。另外,纬地软件提供的 BIM 一体化建模等功能,本来就集成在纬地道路三维设计系列软件的各专业模块之中,用户只需要及时升级便可直接获得最新的 BIM 功能和技术。

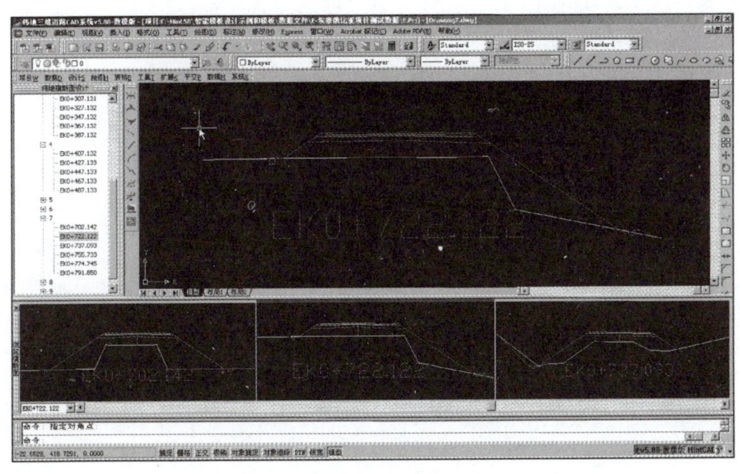

图 16-11　道路路基横断面详细设计(纬地软件)

4. 结语

综上所述，纬地软件提供的道路三维设计与 BIM 一体化解决方案，在采用国际通用的 CAD 平台的基础上，以道路及多专业三维协同设计和工程数字仿真平台为核心，不仅覆盖路线、路基、桥涵、隧道、支挡防护构造物、土方、交通工程与安全设施、工程地质等各个专业，而且能够高效实现道路及构造物 BIM 模型的一体化自动构建，能够破解 BIM 模型和部件属性关联等 BIM 应用难题；能够实现更专业的工程方案优化设计与交通安全分析评价等功能，实现以“数字公路基础信息平台”为核心的 BIM 交付需求。

总体上，与采用国外 BIM 解决方案相比，道路勘察设计企业采用纬地道路三维 CAD 与 BIM 一体化解决方案，逐步以循序渐进方式实现设计阶段的核心任务与目标（BIM 设计、BIM 分析、BIM 交付等），BIM 应用的技术路径无疑是最短、最快捷的；在实际工程设计应用、与既有三维设计 CAD 技术过渡衔接、工程设计人员接受难度等方面，也是最具有推广应用的基础条件的，或者可以说是最接地气的。

十七

赴美国进行BIM技术培训总结

1. 培训学习的基本情况

建筑信息模型(BIM)技术是一种采用数字手段承载、可视化等手段,表达工程项目物理特征、功能特征等信息,辅助工程项目方案优化、决策,提升工程品质和运营维护管理水平的技术工具。为学习借鉴发达国家BIM 技术发展的先进经验,提升我国交通运输建设、管理信息化和智能化水平,提升工程建设品质,经批准,交通运输部公路局组织了由设计、建设、管理单位组成的“建筑信息模型技术”培训团,于 2016 年 11 月 5 日至 18 日赴美国进行了为期 14 天的培训。培训期间,全体团员严格遵守外事纪律和相关规定,按计划完成了既定培训课程和公务活动。

本次培训主要围绕 BIM 的发展历程、技术水平和应用现状进行,活动采用三种形式进行。一是课堂学习,全体团员在杜克大学、乔治 · 梅森大学,听取了 BIM 概念、美国 BIM 发展概况、美国 BIM 研究与应用概况、美国 BIM 技术标准体系、美国 BIM 软件研发与应用概况、美国 BIM 人才队伍建设概况、美国 BIM 技术在公路、桥梁领域的运用经验、BIM 在北卡州交通系统的实践、BIM 技术在美国都市交通系统中的运用经验等相关课程。二是公务交流，拜访了美国联邦交通部公路局、北卡州交通部、华盛顿特区交通部、美国建筑科学研究院（NIBS）、美国设计施工协会（DIBA）等机构，深入了解了 BIM 在美国公路系统中的运用情况，美国典型公路、桥梁和综合交通项目 BIM 应用案例、自动设备导引技术（AMG）在美国公路建设中的应用、美国各州交通公路系统的 BIM 运用情况等。三是现场考察，现场参观了 U-0071 东端联络线工程（U-0071 East End Connector）等，并带回了设计图纸、现场照片等珍贵的第一手资料。

培训期间，各位团员认真听讲、积极思考、踊跃提问、互动交流，还利用晚上休息时间就下一步如何更好地推进 BIM 在交通行业的应用进行了深入的研讨，并举行了总结讨论会。大家纷纷发言，交流了此次培训学习的心得体会，为交通运输部出台推进 BIM 应用的相关指导意见提供了支撑。通过培训学习，团员们拓宽了视野、提高了认识、增强了信心，为在今后工作中推动我国公路建设行业推广应用 BIM 技术、推进 BIM 相关产业发展提供了非常有益的帮助，培训效果很好。

在两周系统学习的基础上，结合每位团员的心得体会，形成了本培训报告。图 17-1 ~ 图 17-8 为本次主要培训、交流情景。

图 17-1　杜克大学培训现场

图 17-2　乔治・梅森大学听课现场

图 17-3　与美国联邦交通运输部公路局交流

图 17-4　与北卡交通运输部交流

图 17-5　与华盛顿特区交通运输部交流

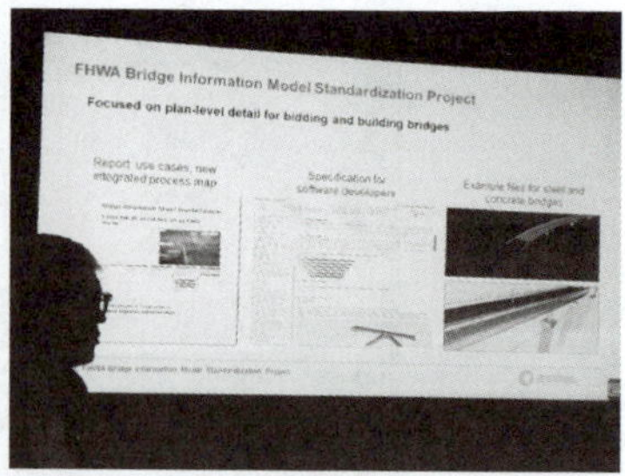

图 17-6　与美国建筑科学研究院(NIBS)交流

图 17-7　与美国设计施工协会交流

图 17-8　参观 U-0071 东端联络线工程

2. 美国建筑信息模型(BIM)技术发展及应用情况

1)美国 BIM 技术发展情况

(1)BIM 的相关概念

美国不同领域对 BIM 概念的解释不尽相同。从此次调研的情况来看,与BIM 相关的概念有 Building Information Modeling、Building Information Manage-

ment、Civil Integrated Management(CIM),以及 Bridge Information Modeling(也叫 BIM)。包括美国联邦交通运输部在内的多个交通领域部门更倾向于使用 CIM 来定义用于在基础设施建设、管理和维护的全过程的信息化技术。

为了维持报告的一致性和连贯性,并与国内的概念相统一,本报告仍然使用"用于公路等基础设施领域全生命期的 3D 模型和信息化技术"这个概念。

(2)BIM 的起源和发展

BIM 从提出到逐步完善,再到工程建设行业的普遍接受,经历了几十年的历程。1975 年 Chuck Eastman 教授在 AIA Journal 上发表的文章中首次提出了"Building Description System"的工作原型。20 世纪 80 年代,人们逐步开始研究讨论相关实施技术,包括三维建模、自动成图、智能参数化组件、关系数据库、实施施工进度计划模拟等。20 世纪 90 年代,BIM 研究的发展在全球范围得到广泛的认可。2000 年以后 BIM 相关建模技术、软件开发与应用逐渐成熟,形成了一批以 Autodesk、ArchiCAD 及 Bentley 等为代表的知名软件开发团队与公司。2008 年起,BIM 研究和应用在全球范围内都迎来了爆炸式的增长,已经在房屋建筑师和设计单位中广泛应用,成为建筑行业最热门的技术之一。

2)美国建筑行业 BIM 技术应用情况

得益于计算技术、软件技术、建筑技术和多样性的客户需求,美国很早就开始了建筑行业信息化研究,BIM 技术是其中的一个重要成果,其研究与应用都走在了世界前列。

目前,美国大量房屋建筑项目已经开始应用 BIM,组建了各种 BIM 协会,并出台了各种 BIM 标准。根据 McGraw Hill 的调研,2007 年美国工程建设行业采用 BIM 的比例为 28%,至 2009 年增长为 49%,到 2012 年已经达到了 71%。74% 的建筑承包商已经在应用 BIM 技术,超过了建筑师(70%)及机电工程师(67%)。2016 年,有超过四分之三的人赞同 BIM 技术的全面应用。BIM 的价值在不断被认可。

3)美国 BIM 信息标准发展现状

数据的标准化、通用化是 BIM 技术协调和数据交换的基础。各个 BIM 软件平台都有自己的数据格式,要实现平台间数据交换,需要建立统一的数据标准,即 BIM 信息标准体系。

在美国,BIM 技术标准主要包括国际 ISO 标准、美国国家标准、各州标准、企业和协会标准等。IFC 标准体系也正在推动交通基础设施相关 BIM 标准,其中道路部分主要由韩国牵头、桥梁部分主要由法国牵头、铁路部分主要由中国牵头。美国建筑行业的 BIM 标准比较庞杂,公路行业的 BIM 标准正在制定中,此外,还有 Open Bridge Information Model(OpenBrIM 2.0)、Land Topography(LandXML)、National Bridge Inventory(NBI)、Bentley OpenBridgeiModel 等相关标准。

总体而言,目前美国的 BIM 标准仍然处于起步阶段,种类繁杂,但远远达不到实用阶段。掌握核心技术的软件商对数据格式的标准化并不积极,各自建立了自己的数据标准,并排斥与其他软件的兼容性。IFC 等标准目前仍只能在不同软件平台之间传递部分 BIM 信息,大量有价值的信息丢失在转换过程中。

目前,在公路交通行业应用较多的 BIM 相关信息标准主要有:

(1)开放式桥梁信息模型(OpenBrIM 2.0):由美国联邦高速公路管理局和红方程公司联合开发的一种开放式桥梁信息模型标准。

(2)LandXML:一种描述地形、公路路线、管道系统和其他土地测量相关的信息和开发的数据模型标准。

(3)美国国家桥梁数据库(NBI):美国桥梁的数据库。该数据主要包含了桥梁的记录,如描述桥梁所有者权限、位置、路线的功能分类、桥梁历史、设计标准、桥梁结构、桥梁跨径信息和一组预定义桥梁组件(用于评估)。该组件包含桥面板、上部结构、下部结构、通道及通道保护、涵洞。

(4)Bentley OpenBridgeiModel:Bentley ©系统软件公司于 2015 年公布的一种桥梁信息建模标准,该标准作为 Bentley 公司 i-model 计划的一部分，但该桥梁信息建模标准目前尚未发布。

4）美国 BIM 软件研发与应用现状

经过多年发展，美国的 BIM 及 BIM 相关软件门类繁多，研发公司主要有 Autodesk、Bentley、Google、Trelligence 等。其中在土木建筑领域市场占有率较高的主要是 Autodesk 和 Bentley 公司。

这些大型软件公司凭借对 BIM 的深刻理解以及多年的研发投入和积累沉淀，形成了各自的 BIM 解决方案系列软件，占据了国际绝大部分市场。建筑行业的 BIM 软件已经较为成熟，基本达到买来即用的程度，但公路、桥梁、隧道、水运工程方面的软件还在不断发展完善中，存在一些专业领域的空白，没有一套 BIM 软件能够达到买来即用的程度，需要在基础平台上进行各专业的二次开发才能满足应用需求。

目前 Autodesk 公司最为核心的 BIM 软件是 Autodesk Revit，除此之外还有 Autodesk Inventor、Autodesk Infraworks 360、Autodesk Civil 3D、Autodesk Navisworks、Autodesk Vault 等一系列软件来支持 BIM 在工程全生命期的应用。同时，Autodesk 公司建立了大型的服务器集群，将相关的软件功能集成到云平台，通过云计算的方式为客户提供服务。

Bentley BIM 产品线包括 Architecture、Structural、Mechanical System、Electrical、Piping 和 Site 等。Bentley 产品在道路、桥梁、市政、水利等基础设施领域也有着广泛的应用。

5）美国 BIM 人才队伍建设概况

美国既存在独立的、主要承担 BIM 工作的公司，也鼓励设计、管理等相关人员直接应用 BIM 技术进行设计、建造和管理。美国 BIM 的人才队伍大体可分为 BIM 软件开发人才、BIM 软件应用人才两大类，BIM 软件应用人才有可以进一步细分为设计、建造、管理等专业人才。得益于全球领先的软件教育、软件研发大环境和深厚的技术沉淀，美国在 BIM 软件开发人才方面有着得天独厚的优势，相关人才储备在世界各国是最充裕的。

在美国，BIM 软件的研发公司担负着推广 BIM 软件和培养 BIM 应用人才的主要责任。首先，客户人才培养是 BIM 研发公司与客户产品服务的一部分，研发公司主动帮助客户培训技术人员，以熟练掌握 BIM 软件的相关技能；其次，所有的 BIM 软件都对高校免费开放，鼓励高校研究人员和学生了解并掌握 BIM 技术；再次，针对行业主管部门，比如联邦及各州交通部，BIM 研发公司也会通过产品宣传和技术培训等手段提高行业主管部门的 BIM 技术水平，以促进软件的推广应用。此外，设计和施工企业为提高生产效率、降低人员成本，也乐于培训相关员工，使其掌握 BIM 应用技术。

通过 BIM 研发公司的不断努力和相关各方在项目实践中的切身体会，美国 BIM 软件应用的人才队伍逐渐壮大，整个行业的 BIM 技术水平也得到不断提升。

6）建筑信息模型（BIM）技术在美国交通领域的应用现状

BIM 技术在美国已较广泛地运用在建筑工程领域，并在美国公路等交通行业项目的规划设计、施工和运营维护中进行了成功的尝试，但与建筑领域相比，尚处于从传统的二维设计向三维设计、应用 BIM 技术的过渡阶段。

（1）公路交通行业的 BIM 应用水平

美国公路交通行业 BIM 技术主要应用在三维模型设计优化和方案展示、施工机械控制方面，并开始在项目的维护和资产管理中应用，在提高项目安全性、控制成本、提高效率方面展现了良好的效果。但是，电子文档的合法地位仍然存在巨大争议。

目前，有 4 个州已经明确要求在设计阶段应用三维模型，有 30 个州正在对三维模型的效益进行评估或试验（图 17-9 ~ 图 17-11）。

很多施工企业已经或正在开始试用带有自动导引设备（Automatical Machine Guidance，AMG）系统的设备，以求提高控制精度、节约人力成本，部分项目业主也开始利用 BIM 技术进行施工质量管理。

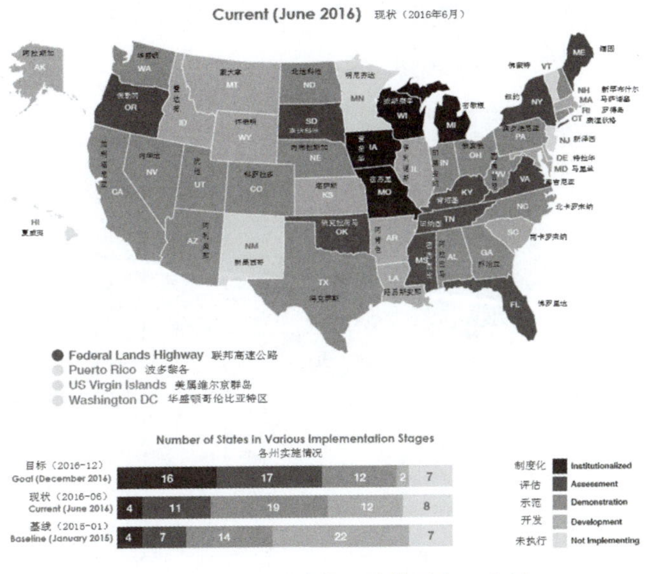

图 17-9　工程设计阶段三维模型应用比例

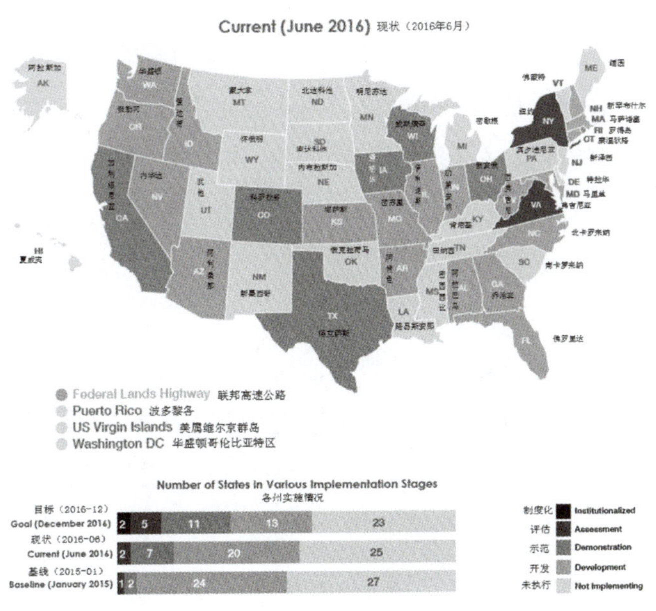

图 17-10　施工阶段三维模型应用比例

已经有 2 个州将 BIM 技术用于运维阶段，32 个州正在开展评估或试验。运维阶段主要利用 BIM 技术管理智能数据采集、建立公路数据目录和公路资产管理，以及对已建成项目三维数据模型的维护。

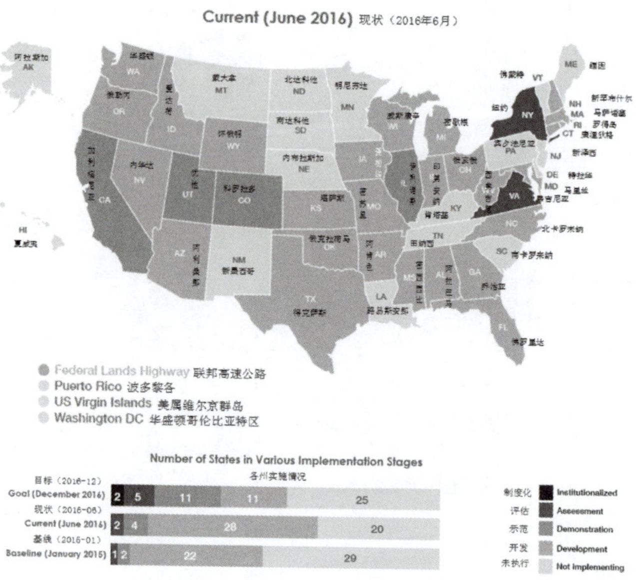

图 17-11　运维阶段三维模型应用比例

总的来看，BIM 技术在美国交通行业的应用仍处于起步阶段，虽然已经展现了一定的效益，并吸引了很多关注。但多数人仍然认为，这一技术只是对现有技术的改进和提高，并不能引起行业颠覆性的变化，与房屋建筑行业不同，在交通领域所带来的效益尚不明确，因而更多是处于尝试和观望阶段。

有研究表明，在公路建设阶段全面应用 BIM 技术，可以节约大约 3% 的建设成本，其来源主要包括：提高完善设计的效率、减少由于构件间的碰撞造成的返工及变更、提高组织管理效率以降低人力消耗、通过 AMG 技术减少对现场技术人员的需求等。

(2)联邦公路局对应用 BIM 的态度

美国联邦公路局鼓励、支持采用 BIM 技术，但受限于法律，不能强制推广，只能通过有限的补助进行刺激。各州根据对 BIM 技术的认识、自身的条件自由选择 BIM 的应用和推广方式，多数的州交通局正在关注、试用 BIM 技术,也还有少部分州对 BIM 技术仍然不感兴趣。

(3)项目立项和设计阶段的应用

项目立项阶段,可以利用 BIM 技术的可视化三维模型向业主及公众阐述、展示设计方案,并在更广泛的范围内听取意见,以获得支持,目前很多案例都取得了良好的效果。

在设计阶段,利用 BIM 技术进行模拟分析、虚拟建造,可以提前发现设计中存在的不足。部分案例认为,采用 BIM 技术有效提高了技术复杂、方案多变的工程设计方案优化的效率,降低了设计成本,并减少了大量建设期间的变更。

(4)工期安排和造价控制中的应用

通过 BIM 技术将 3D 模型和时间维度进行结合,形成 4D 模型,可以更方便地进行施工进度模拟,更加准确地协调施工顺序,减少在时间维度上的冲突,使施工进度安排更为合理。如美国 161 号高速公路 4 段项目(图 17-12),总长 6.5 英里(1 英里≈1.6km)的收费高速公路,位于达拉斯沃斯堡大都会区,包含 45 座桥梁和两处大型立体交叉,总投资 4.16 亿美元(1 美元≈6.55 元),主体工程要求在 15 个月以内完成。建设方通过 BIM 4D 模型进行施工进度模拟,改进施工进度安排,改善项目各参与方协调,有效控制了项目工期,使项目在规定的时间内顺利完成。

图 17-12　美国 161 号高速公路 BIM 模型

在 4D 模型的基础上,增加各模型构件相关的费用信息,就形成了包

括成本的5D模型(反映与实际成本相关数据的时间、空间、工序维度关系的数据库),将成本汇总、统计、拆分对应起来,可以实时读取建造过程中的费用清单,便于更精确地进行施工过程中的备工备料,更有效地进行成本控制。

如北塔兰特高速公路(图17-13),总长13.5英里,总造价为25亿美元,通过在4D模型基础上对BIM模型进行划分,增加费用信息,采用电子化工作流程,实施获取相关的材料成本信息、人工成本信息,进行了精细化工程费用管控的尝试。

图17-13　北塔兰特高速公路BIM模型

据介绍,目前有9个州正在尝试使用4D和5D技术来改进项目工程管理,并提供更准确的项目成本估算。

(5)在施工中的应用

美国人工成本高,为降低工程成本,一些企业已经开始利用BIM模型作为AMG的施工控制信息(图17-14),代替施工放样测量,以提高施工质量和效率,目前主要是在土方和路面施工中尝试应用这一技术。在建的北卡罗莱纳州U-0071 East End Connector项目中的部分设备就采用了这一技术。

目前达到的技术水平是在施工机械上加装控制电脑、测量定位、控制及传感设备,在导入BIM三维设计数据后,通过GPS进行精准定位施工,提供施工控制数据,指导操作手作业。很多企业正开发更加自动化的设备。

图 17-14　智能施工机械(AMG)

(6)BIM 技术在后期运营维护中的应用

美国已经有将三维设计模型应用于项目运维阶段的案例,如将 3D 数据运用于公路数据目录和公路资产管理,并根据实际情况修正 3D 模型,建立基于完工状态的更准确的 3D 设计模型等。BIM 模型中所有关于构件的信息,包括项目的空间信息、材料、数量等维护阶段所需要的所有信息,将会利用统一的数据格式存储起来,并在项目使用寿命期间不断得到丰富和维护。

BIM 模型结合运营维护管理系统后(图 17-15),能够发挥在空间定位和数据记录方面的优势,以更合理地制定维护计划,提高维护效率。对一些重要工程和设备还采用跟踪维护工作历史记录的方式,对设备的适用状态提前作出判断。如美国 I-15 项目为 9.5 英里长的州际公路改扩建工程,包括 5 处互通立交和 24 座桥梁,通过搭建企业级工程内容管理平台,创建了一个综合项目框架来管理该项目的所有文件资料,建立竣工 BIM 系统,该系统可以通过网页和移动终端快速掌握工程建设细节、历史维护情况等运营维护期间所需信息,并对这些信息进行实时更新。

图 17-15　BIM 技术在运营维护中的应用

3. 美国 BIM 技术发展经验的启示

BIM 技术在美国交通建设行业已经得到广泛的关注，但对于其效益和应用范围仍处于论证、发展过程中，多数管理部门仍处于研究、观望状态，几个应用了 BIM 技术的州，也只是在一些环节应用了 BIM 技术，而不是全面应用。这次培训让我们及时掌握了 BIM 技术发展的前沿情况，也充分了解了当前 BIM 技术应用的情况、带来的效果和不足，通过此次培训，从以下几方面获得了较多的领会：

1）我们推进 BIM 技术应用需要克服的主要问题

（1）推广 BIM 技术的收益尚不明确。目前我国公路设计、建设、管养等单位的软硬件平台尚不能支撑 BIM 的设计和管理要求，平台需要升级，人员也需要补充培训，所需费用对于当前的多数从业企业是一笔不小的负担，而所带来的效益还在验证中，尚不明确，无法判断投资效益比。

（2）软件间协调难度大。公路工程项目参与方众多，且不同软件的优势不同，往往需要协同使用不同的软件。虽然多个行业协会等都在推进 BIM 数据的标准化，但掌握核心技术的软件商对此并不积极，美国也尚未形成统一的 BIM 平台，我国需要克服的困难更多。

（3）项目管理要求还不完全适应。BIM 技术可以通过模型协调参建各方，协同工作，减少信息传递不连续引起的实施冲突等。但由此带来了新的问题,一是管理层级与目前我国的管理体制不一致,二是工作过程中传递的都是电子信息,所保留的工作痕迹与现行管理要求不一致。

(4)行业 BIM 相关人才队伍不足。美国的 BIM 人才虽然总量可观,但距离 BIM 全面应用的要求仍然不足,我国差距更大。全面应用 BIM 技术能够将设计人员更多地从绘图任务中解放出来,用更多的精力投入设计工作,“绘图员”将变成“设计师”,在这一点上,我们人才不足的矛盾更加突出。

2)推进 BIM 技术应用的建议

为加快推进 BIM 技术的推广应用,结合美国 BIM 技术发展的经验、现状和观点,以及我国当前的现状,培训团对发展策略和推荐措施提出如下建议:

(1)关于发展策略

①紧密跟踪,分阶段推进。紧密跟踪 BIM 技术的发展,根据公路建设的需要,首先在条件成熟和容易获得效益的专业领域进行试点,评估应用效益,促进技术的成熟,利用示范、技术外溢等手段,分阶段逐步达到广泛应用 BIM 技术的目标。

②市场主导与政策保障相结合。市场经济的试错功能是技术优胜劣汰最佳途径,在技术仍然在发展期的情况下,政府制定发展方向和路线图风险极高,案例已不胜枚举。美国 BIM 技术的推广是以获得经济和社会效益为先导的,试点多、总结多,谨慎推进,这一做法值得借鉴。利用收益引导市场主体积极尝试 BIM 技术是更加稳妥的途径。政府应当在管理制度等方面给 BIM 技术的应用提供宽松的发展环境,完善竞争规则,为其健康发展保驾护航。

③示范引领与协调发展相结合。鼓励技术复杂、投资较大的项目优先开展 BIM 技术试点应用、示范,及时总结、宣传、推广成功经验,提升行业对 BIM 技术认识,推进 BIM 技术的成熟和普及,促进设计、施工、建设管理、运营养护、公共信息服务等各方面的 BIM 技术应用协调发展。

④自主创新与融合应用相结合。营造自主创新的政策环境,扶持公路行业 BIM 技术的开发和应用。在引进的基础上,推进具有自主知识产权的 BIM 软件和应用技术的研发,促进行业 BIM 技术不断进步。支持 BIM 技术与云计算技术、监测技术、移动施工技术和虚拟现实技术等前沿技术相结合。

(2)关于推进措施

①充分发挥企业的主体作用。充分发挥企业主体作用,形成项目法人单位负责牵头,协调设计、施工、咨询等各方共同推进 BIM 技术应用的环境。鼓励高校、科研机构和软件厂商积极开展 BIM 关键技术研究,形成 BIM 技术应用成套关键技术和成果,共同推动 BIM 技术的应用。

②完善政府监管模式。行业主管部门应认真研究应用 BIM 技术对建设管理水平提高的作用和对管理模式的新要求,尽快确立电子签章等的法律地位,探索建立基于 BIM 技术的工程质量、安全监督模式,以更好发挥 BIM 技术带来的效益,促使企业主动应用 BIM 技术。

③加强试点的示范效应。首先选择容易获得效益的结构复杂桥梁、地质复杂隧道、环保景观等工程进行试点,总结经验,评估效果,展示收益,在示范中促进 BIM 技术的成熟,利用示范推动 BIM 技术的普及。对一般项目,鼓励根据工程特点,先选择在桥梁、隧道等控制性工程进行 BIM 技术应用,并逐步推到整体项目。

④推进设计工作方式的转变。市场上的商业软件已经具备直接针对目标进行三维设计的能力,但设计人员在软件的使用能力和设计习惯上尚未适应这一变化。设计单位应加强人员的培训,尽快完成这一转变,提高设计效率和质量,并避免二次翻模所发生的非必要成本。

⑤加强与国外先进组织机构的交流合作。及时掌握 BIM 技术发展动态,积极借鉴,少走弯路,促进我国 BIM 技术和应用水平的提高。

⑥加大 BIM 技术软件研发力度。鼓励应用单位采用二次开发等形式,形成更高水平的应用软件,提高与基础平台厂商对话的话语权;鼓励

国有大型企业将 BIM 基础平台开发作为一项长期战略目标,建立长期稳定的研发投入和考核机制,尽快形成具有市场竞争力的自主基础平台,为相关领域信息安全提供保障。

3)对推动 BIM 技术信息标准体系建设的建议

BIM 技术信息标准是实现不同软件、不同企业间实现利用 BIM 技术沟通交流的基础。推广 BIM 的重要意义之一就是改进信息的传递,如果建立一套完全独立的 BIM 信息标准,则意味着与体系外的沟通被人为切断。国际标准化协会等各种标准组织,起草 BIM 信息标准的目的都是为了实现不同软件、不同平台之间的无缝衔接。因此,我们没有必要建立一个与国际标准不同的 BIM 信息标准,而应该主动加强与相关国际标准组织、核心软件商之间的交流沟通,及时把握发展动态,积极参与相关工作,尽快推进 BIM 技术信息的标准化。

现阶段,我国的 BIM 技术信息标准应以翻译国际上成熟的标准为基础,并结合我国的实际情况进行优化完善。相关的工作成果也应该积极展示,并力争推动纳入国际标准体系之中。

4)对推进 BIM 软件发展的建议

BIM 技术在工程项目中的应用是工程建设信息表述和传递的跨越性进步,但每个公司的产品有各自的特点和优势,单纯依靠某一个 BIM 软件平台难以解决全部的工程需求,也不一定能完全适应我国公路建设的需要,应采用自主研发与引进相结合的发展策略。

设计阶段的 BIM 建模软件基础平台开发存在较大难度,建议优先考虑选择开发性好的基础平台进行专业软件的二次开发,解决 BIM 专业软件从无到有进而到优的问题,推动整个基础设施行业的 BIM 应用发展,BIM 数据格式标准可以先参考 IFC 格式。

设计阶段后的 BIM 模型应用软件,建议以模型显示驱动引擎为突破口进行基础平台的开发,结合软件开发技术、互联网技术、物联网技术、云平台架构,开发出自主知识产权的国产 BIM 平台。

建议从政策上鼓励大型国企、企业集团将 BIM 技术相关基础平台开发作为企业发展的长期战略任务，结合企业自身特点，构建适当的工作模式，以企业科研经费支持和自身造血相结合的方式推动 BIM 基础平台的研发工作。

5）对 BIM 人才队伍建设的建议

BIM 技术是一种进阶的技术工具，如果只能由独立的团队进行应用和维护，将大幅度抵消 BIM 技术带来的效益，容易形成信息脱节，不利于 BIM 技术的推广和真正落地。我国的 BIM 人才培养应以将现有的设计、施工、运维、管理人员培养成为 BIM 应用人才作为主要工作。

参考美国的做法，这项工作应主要由软件开发商承担，但考虑到我国的国情，还应该包括单位内部的传帮带式学习。

4. 结语

BIM 技术是一种融合数字化、信息化和智能化技术的设计和管理工具，是计算机技术、信息技术发展到一定阶段的产物，给工程界带来了重大变化，将深刻地影响工程领域现有的生产方式和管理模式，其影响将在未来逐渐显现。

真正认识、理解 BIM 技术，把握其本质，用好这项技术的关键，BIM 技术只有与设计、施工、运维、管理者真正融合，才能真正发挥它的威力和效益。

这次培训的时机，正处于美国 BIM 技术的推广应用过程中，BIM 技术的优点已经逐步显露并且变得可被预测，存在的问题和不足也有了较充分地暴露，是全方位了解 BIM 技术的极佳时机，团员们把握这一良机，深入了解了 BIM 技术，汲取前人的经验，为加快推进 BIM 技术在公路领域的应用、少走弯路提出了自己的真知灼见，希望报告的内容能够为推动我国 BIM 技术的健康发展提供有益的帮助。

本次培训中笔者有幸参观了美国的公路工程施工现场，对培训团刺激最大的并不是BIM技术的应用,而是美国工程施工的精细程度,这是真正的差距,是BIM技术不能弥补的差距,是我们需要奋起直追的又一个领域,没有这一步的跨越,我们将永远不能超越。

最后,感谢有关方面对本次培训的大力支持和帮助,特别要感谢杜克大学中国研究中心精细的组织和安排。

十八

无人机倾斜摄影和实景建模的那些“坑”，你踩到了吗？

1. 引言

随着无人机技术的快速发展，“无人机倾斜摄影”“三维实景建模”等技术进入了工程人员的视野。对于以下观点：利用无人机开展倾斜摄影测量，更方便、更快捷；基于倾斜摄影成果（图 18-1、图 18-2），可以实景建模，扩展 BIM 技术在工程设计中的应用，等等，其实际情况到底如何？先看看下面几个实际案例吧。

2. 案例一

张总是一家民营工程测绘公司的老板，年轻有魄力。2 年前，当他听到关于利用无人机进行倾斜摄影测量的宣传之后，当即决定购买一套设备。尽管一台多旋翼无人机加上配套的软件、装备等价值 30 多万元，是一笔不小的开支，但张总觉得，如果能够大幅提高测绘效率，而且还能为甲方提供增值服务(实景模型),那自己就会在未来的竞争中脱颖而出。可今天,张总却是气鼓鼓地说:“别提了,太折腾人了！本来用平板(测图方式)一周就可以搞定的项目,却花费了将近一个月的时间。买无人机算是踩到‘坑’了!”

图 18-1　无人机倾斜摄影测量示意图

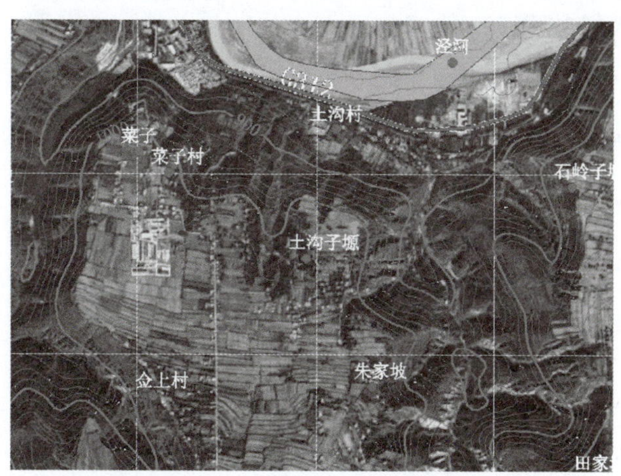

图 18-2　与正射影像叠加的数字地形图

原来,张总的团队已经用无人机完成了两个小型项目的测绘任务,但并不像当初宣传得那么便捷、高效。在无人机采集数据之后,后续数据生产(从数据准备,到地形图成图之间)的各种工序不仅复杂,而且需要投入大量的人力和时间成本。

3. 案例二

王总是国内某甲级设计院的技术负责人，平时就喜欢钻研新技术。在参加了某国外公司 BIM 解决方案宣讲之外，王总也建议单位购买了一套无人机倾斜摄影装备，并准备于某高速公路项目中尝试一番。当然，作为设计单位，他的目标并不在于地形图测绘，而在于探索利用无人机倾斜摄影的成果，进行工程实景建模，开展 BIM 应用。

半年之后，王总实际上只用无人机做了一小段倾斜摄影测量和实景建模的测试，发现数据量太多、太费劲，最终还是放弃了。王总说："只有真正玩过了，才知道事情并不像宣传说得那么简单，而且实景模型——中看不中用啊！"

王总只在短短几百米范围内测试，采集的数据就有好几个 G，实景建模花费了约一周多的时间。而且，除了必须在多个软件之间来回切换之外，还要做大量的手工编辑修复工作。几十公里的高速公路项目，这样的建模和处理效率，那还不得"黄花菜都凉了"啊！最终，为了保证项目设计进度，王总只得从测绘局购买数字地形图开展路线设计，对整个项目进行实景建模的计划，也被迫泡汤了。

4. 无人机倾斜摄影测量和实景建模的"坑"到底在哪里？

这就奇怪了，明明有测绘装备公司在大力宣传无人机倾斜摄影技术（图 18-3），有国外 BIM 软件公司频繁展示实景建模的炫酷效果，可为什么又有不少人在尝试之后发现自己"踩坑"了呢？是宣传者在忽悠，还是使用者没有掌握要领呢？这里的"坑"在哪里呢？以下笔者结合相关调查和掌握的信息，尝试进行一些分析和讨论。

图 18-3　无人机携带的摄影设备(多相机)

坑 1:无人机技术带动了测绘技术升级和效率提升

很多人把无人机技术的快速发展,特别是消费级无人机的普及,与倾斜摄影测量技术的发展建立了联系,想当然地认为:无人机技术发展必然带动或促进测绘技术和效率显著提升。事实上,只是大家想多了。

追溯起来,航空倾斜摄影测量技术并不是什么新的技术方法,更不是由于无人机的普及才开始在工程测量应用的。在过去 20 年间,国内各类公路、铁路和大面积地形测绘项目中,就已经普及化地采用航空摄影测量方式和技术了。而且,为了进一步提高摄影测量在高程方面的精度,还增加了激光雷达扫描(Lidar)技术。因此,倾斜摄影测量技术的广泛应用是早于无人机的,与无人机发展普及没有多少关系。

坑 2:采用无人机测量精度和效率更高

与以往采用载人飞机实施的航空倾斜摄影测量方式比较,采用无人机的便利性主要体现在航线申请和批复的时间周期方面。以往载人飞机航飞时,往往都需要较长时间的航线申请批复程序,而无人机由于飞行高度低,早期不需要专门申请航线。

有观点认为,采用无人机方式摄影时距离地面的高度更低,获得的成果精度自然更高,事实未必如此。虽然在原理上,飞行高度越低,倾斜摄影的精度就越高，但真实情况是——载人航飞方式，可以搭载大型、专业的激光雷达设备（图 18-4），而激光扫描方式获得的高程精度天然就比摄影解析方式高出一个量级。目前，对各级各类工程勘测设计任务，两种方式均可达到1:500、1:2000 等的精度要求。

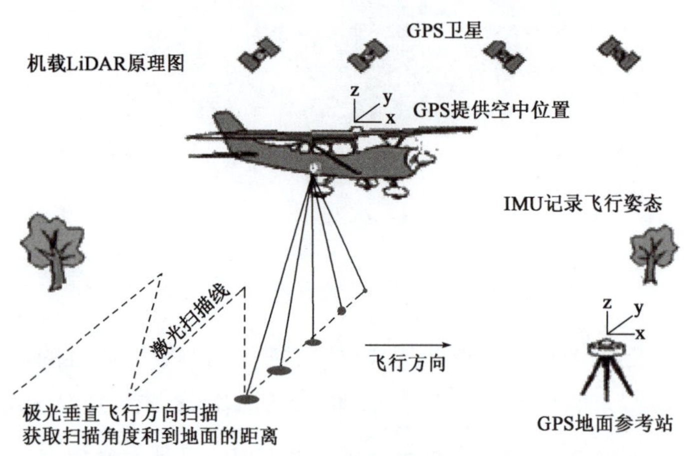

图 18-4　机载激光雷达测量示意图

同时由于无人机飞行高度低，一次拍摄的地面宽度就更窄了，这样同一任务所需要往复飞行的次数成倍地增加。还有，受到电池容量等的限制，常见多旋翼无人机一般只能持续飞行约 15～20 分钟。这对于长距离、大面积的公路、铁路等工程测绘任务，可以想象其功效必然是捉襟见肘的。

坑 3：无人机一飞，数字地形图等成果就有了

还有更重要的一个“坑”——由于专业局限和宣传侧重等原因，很多人误以为：只要无人机飞过，三维数据和数字地形图就可以自动生成了。

采用无人机，改变的只是搭载设备和飞行方式，并没有改变倾斜摄影测量的根本原理和技术路线。通过对立体像进行解析（即空中三角测量）获得地面高程、通过人工方式逐一采集地形特征线、地表构造物轮廓等的人工判识、手工编辑等的流程、工序，并没有实质性改变（图 18-5）。而且，控制倾斜摄影测量精度所必须的——地面控制点，采用无人机方式

仍然也是必须的,且必须人工现场布设。同时,测量范围内现场踏勘、调查、补测等工作仍然是一样不能少的。

图 18-5　人工交互式数据处理过程

所以,对于一家工程设计单位,如果想建立无人机倾斜摄影测量和实景建模间的联系,首先应该做好筹建一个庞大的、熟悉相关专业软件、掌握数据处理业务团队的准备。

坑 4:实景建模效果很炫酷

当前,很多项目开展无人机倾斜摄影测量的另一目的,就是为工程实景建模提供基础数据(图 18-6)。但是,结合上面的案例二和笔者等团队的实际工程实践,事情也远非宣传和想象得那样简单。

下图 18-7 就是笔者等团队利用无人机装备(MD-1000)采集数据,利用某专业软件形成的某条既有高速公路的三维实景模型。从空中视角浏览时,高速公路及路域环境、周边建筑等均一一展现,立体感很强。

但是,当我们把浏览的视点高度再降低一些,落到地面附近或者驾驶员的高度时,看到的效果就截然不同了,甚至可以用"惨不忍睹"来形容了。悬空的树木,残缺的标志……请参看图 18-8,这是从低空视角浏览时生成的画面。

图 18-6　实景建模数据处理过程

图 18-7　实景模型浏览效果截图(空中视角)

图 18-8　实景模型浏览效果截图(地面视角)

从地面视角浏览实景模型虽然采用相机分辨率不同,会对实景建模的效果有一定影响,但是总体情况都是:从空中视角确实不错,但换个视角高度,效果就不忍直视了。而地面视角,才是工程设计和仿真分析时值得重点关注的。毕竟,道路设施是为路上车辆和行人等服务的。

坑5:用某软件实景建模是全自动的

有人宣传说:"用某专业软件进行实景建模是软件自动完成的。"只是,自动生成的实景模型在地面视角下令人"不忍直视"。能提升实景模型的效果吗?方法是有的,但只能通过大量的人工编辑、交互处理。图18-9展示的就是通过一些软件工具,对实景模型中的每一座房屋、设施,逐个单体化,然后再对每个模型的每个面单独进行贴图处理的过程和具体操作。

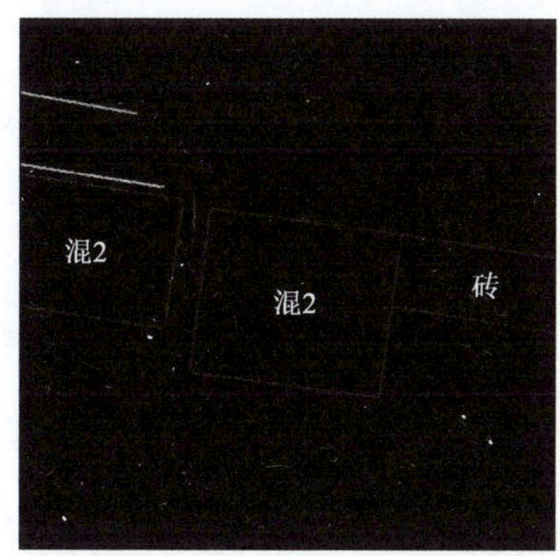

图18-9 地物单体化的过程

有人或许会说:"不对呀!我在某BIM软件的宣传中看到的效果要更好呀?!"其原因可能在于两个方面:一是对方只提供了空中视角的浏览效果;二是对方花费了大量的人力和时间,对模型进行了二次加工编辑。而这些工作量往往不亚于完成一项工程设计任务。

坑6:实景建模成果——中看不中用

很多人和笔者团队一样,一直希望把实景建模成果在工程设计中真正用起来,产生实际价值。但是,经过很多尝试之后,都发现“这确实‘中看不中用’!”到今天,人们在各种场合能看到的仍然只是对工程实景建模成果的展示、浏览,没有看到直接利用实景模型开展工程设计,或把实景模型作为工程设计基础数据的应用案例。

在道路、铁路等工程勘测设计中,必须基于“裸地表”进行路线设计和工程量计算,必须调查、统计各类地表附着物(类型、属性、数量等信息)以获得工程拆迁数量……但由于不能区分地面、植被和地物,导致对工程设计而言,实景建模的成果甚至还抵不上一张数字地形图的价值。

而这恰恰是实景建模的原理和方法所决定的。虽然通过倾斜摄影测量技术,能够得到地面、地物、设施等的点坐标和高程信息,但计算机软件无法自动准确判识哪些是地面、哪些是植被、哪些是房屋和构筑物。

可能有人问:“那么多工程管理企业都在使用无人机,难道他们都踩‘坑’了吗?”结合近期一些研讨会议,笔者等了解到,工程管理企业对无人机的应用主要集中在工程和线路巡检等方面,这些应用的侧重点在于对无人机实时采集、同步传输视频的应用方面,与倾斜摄影等无关。

5. 结语

诚然,无人机倾斜摄影测量是成熟的技术,基于倾斜摄影数据进行工程实景建模也是很多人已经亲自实践的事实,但是,如果无人机倾斜摄影到实景模型之间花费的人力和时间成本,甚至不亚于工程设计本身的投入;如果费了九牛二虎之力建立的实景模型,却始终停留在“中看不中用”的状态,那么,在工程设计中推广倾斜摄影和实景建模,实际价值又在哪里呢?

可能有读者会对本文的一些观点不太认同,认为这些不算是“坑”,只是用户没有准确定位自己的实际需求,没有及时掌握当前新技术所能达到状态,没有调查核实新技术的适用范围,才造成了许多类似案例现象。

笔者把相关案例和实践信息分享出来，只是希望给行业、单位和相关专业人士提供一些参考，让人们在探索新技术的路上，少走些弯路，少踩几个“坑”。

十九

“大胆发明”与“审慎创新”

1. 引言

经济学家熊彼特的“创新理论”认为，“发明”是对新工具或新方法的创造和发现，“创新”是对新工具和新方法的应用；而把发明转化为创新，关键在于必须能够创造出新的价值。在智慧交通与城市发展的新时期，不仅要鼓励“大胆发明”，还应通过科学论证“审慎创新”，警惕各种脱离实际交通需求、一味追求形式创新的“空中巴士”“光伏高速”等现象。

党的十八大提出实施创新驱动发展战略和建设创新型国家战略以来，尤其是国家实施《交通强国建设纲要》以来，国内大型网络科技公司争相投入“智慧交通”和“智慧城市”领域。

尽管把5G、物联网、大数据、云计算、VR、BIM、AI等技术与城市交通发展需求相结合，是支撑现代交通技术发展、提高道路基础设施服务水平的重要方向，但在实际智慧交通与城市建设项目中，出现了不少侧重名词创新和形式创新、脱离道路交通基本原理和城市交通实际需求的——

"巴铁现象"。这些现象有的误导政府机构和企业盲目投资,造成浪费。

2. "巴铁现象"层出不穷

2016年"空中巴士"即"巴铁项目"亮相北京科博会。尽管该项目曾受到不少质疑,但仍然获得了某地方政府的支持,以"中国原创重大发明""全球50大发明"等吸引了全世界的关注。后来短短的几个月之后,巴铁项目便被揭开了内幕。

2017年12月,另一项把交通行业与新能源产业深度融合的"黑科技"项目——"世界第一条光伏高速公路"建成通车了。该项目是在某新建高速公路半幅行车道上,铺设了约1km的光伏面板,希望通过路面实现光伏发电,将来还能实现给汽车充电和融雪等功能。但遗憾的是,通车不到一年,光伏路面就被迫改成常规的沥青路面了。

2018年11月,美国太空探索技术公司创始人马斯克在南洛杉矶挖掘了一条长约1.6km的隧道,引起国内工程界惊呼。为什么一条采用常规技术施工、通过速度只有80km/h(与其宣传的240km/h完全是两个概念)的小型隧道,会引起那么多人关注呢?是"隧道成本直降99%"吗?常规方式施工,怎么可能呢?很明显,这只是另一起发生在国外的"巴铁现象"而已。

3."巴铁现象" 的共性问题

实际上,凭借高科技、黑科技或跨界技术融合为噱头类似的"巴铁事件"还有不少。例如2019年5月出现的"加水就能跑"的"水氢汽车事件",以及网上流传的号称能够"永不堵车的立交桥发明"等,笔者暂称之为"巴铁现象"。

客观而言,提出类似"空中巴士"等发明的初衷往往都是美好的,积极的,都是希望通过发明、创造或者利用高新技术或跨界技术融合,去解决现代交通和城市发展中面临的一系列问题,希望出行更高效、便捷。但仔细分析,这些看似相互独立的案例,却存在多方面的共性问题:

(1)忽视了道路设施建设与管理的经济性原则

以光伏高速公路试验段为例,该项目首先忽视了道路基础设施建设与维护管理中默认的经济性原则。道路设施因为里程长、规模大,所以全世界在道路设施建设中,都会从工程全寿命周期角度去考量其综合经济性。

例如,在路面材料选择中,必然需要选择地球上最多、最廉价的、生产工艺相对简单的砂石、沥青、水泥等材料,甚至包括循环使用橡胶、沥青等再生材料,而没有人会大面积选择采用光伏板、钢板、合金等材料,尽管有的材料的路用性能可能更好(如强度、耐磨性等)。而且,不仅要考虑工程一次性建设投资的高低,还要比较长期维护、更换成本费用影响。

据报道,国内仍有项目在尝试光伏路面,让人很是不解。为什么要利用路面发电呢?我国西北部有辽阔的戈壁和沙漠,那里阳光充足,发电条件岂不是更好。国家缺电吗?据了解,在三峡大坝投入发电之后,有的大型发电厂还被迫不能全负荷运转。为了公路设施用电方便吗?只要上了国家电网,在哪里取用都一样的便捷。这属于像"芯片"一样的关键技术瓶颈吗?否则国内外同类失败案例不少了,为什么我们还要"前赴后继"地去尝试呢?

(2)违背了道路与交通工程的基本原理

以"巴铁项目"和"永不堵车"的立交桥等为例,这些发明显然违背了道路与交通工程设计的基本原理。例如:车辆高速行驶,其两侧、上方必须保证足够的建筑限界和净空条件;前方必须有足够的视野和视距条件……

马斯克的"超级隧道"更是缺乏交通流概念的典型案例。道路设施建设必须能满足一定交通容量(通行能力),而不只是仅能够通过几十辆车或某些特定车型。这样的小型隧道,若建在大型城市交通密集区,非但不能解决拥堵,反倒在隧道两端还得设置占用更大面积的地面道路,为上下隧道车辆提供排队等待的空间。

(3)脱离了工程建设与管理的现实条件

城市和道路基础设施建设是一个长期发展的过程。很多时候,对交通条件的改善必须要兼顾既有城市建筑和道路设施等现状,更多时候只能在既有基础上逐步改造、改善,而不可能每次都把城市、街区连根拔掉,重新来过。现实中,我们不可能根据“巴铁项目”需要,把城市既有的横向道路、天桥、通道、管线等全部拆掉,或全部改造提高。

而且,交通是与社会经济、产业布局、路网结构等多因素相关的系统性工程,它的服务对象是社会大众,而不是特定人群或车辆。“超级隧道”只能通过部分小型车,且每小时只能通过几十辆车,这在复杂的城市交通必然不能发挥任何作用,充其量可以作为马斯克厂区的专用通道或者一项旅游参观项目。

(4)没有把握城市交通拥堵问题的关键

城市交通拥堵问题的根本均在于——今天的人、车出行总量,远远大于路网规划设计时的容量了。因此,道路拥堵是全世界大型城市均面临的实际问题。在现状路网条件和出行需求没有改变的情况下,一些智慧城市的解决方案中大量增加交通流量与路况信息采集、发布、预告以及各类管控技术和措施,只能优化、提升现有路网的通行能力,最终只能在一定时间和条件下缓解拥堵。在交通需求只增不减的前提下,任何宣称“解决城市交通拥堵的技术或措施”恐怕都只是无稽之谈。

4. 另一类“巴铁现象”值得警惕

近期,笔者了解到,有网络科技公司把同一套智慧交通或城市方案,推荐给不同规模、特点的城市和路网。在这些方案中,除了各种名词创新和形式创新,就是要建设各种平台、投入各种设施、装备,却没有可量化评价的实施效果和目标。这不由得让人想起一个场景:

记得数年前,一个网络科技公司因无人车上北京五环受到处罚,并通过媒体宣称"给无人车的第一张罚单来了,无人车还会远吗?"并称该公司的无人车将很快量产落地。可今天,在世界范围内公认、真正意义上的自动驾驶在短期内不可能实现的时候,这个公司又说:"聪明的车,还必须要有智慧的路!"开始强调着"路侧设施和车路协同"了。

这个公司还曾经说,通过接管某大型街区的红绿灯系统,就可以直接减少拥堵时间30%~40%。这可能吗?在很多专业人士看来,简直就是天方夜谭。

这或许是值得我们警惕的另一种"巴铁现象"——在自己对相关技术发展没有了解的前提下,让国家、行业和政府盲目投入更多资金和资源。

5. "发明"与"创新"的关系

西方著名经济学家、思想家约瑟夫·熊彼特曾在其1912年出版的《经济发展理论》中提出了对"发明""创新"及其关系的认识。"发明"是对新工具或新方法的创造和发现,而"创新"是对新工具和新方法的应用。通常,先有发明,后有创新。熊彼特提出,"创新"的关键是必须能够创造出新的价值。如果说,发明是想法、草图和模型,那么,创新就是以创造实际价值为目标,对发明进行具体应用和工程转化。

以自动驾驶为例,作为全球汽车和科技企业竞相攻关的课题,目前公认其尚处于高级辅助驾驶阶段,距离全路况、全天候的自动驾驶还面临一系列的关键技术瓶颈,还有相当大的距离。如果对照"创新理论",自动驾驶还只处于"发明"的过程中,甚至算不上一个"半成品",远没有到落地应用、大面积推广的程度。现阶段,自动驾驶根本不能取代人工驾驶,更不能创造超出辅助驾驶之外的任何实际价值。因此,当前围绕自动驾驶落地开始建设各种路侧设施和信息设备,难免会走错了方向。加之此类装备更新周期短,3~5年后还没等到自动驾驶技术成熟,这些装备却早就该淘汰了。

6. "大胆发明"与"审慎创新"

"实施创新驱动发展"是我国在新时期的重大战略,是支撑国家实现高质量发展的核心动力。我们拥抱创新、鼓励创新、践行创新,但同时还应该清晰界定"发明"与"创新"之间的关系。

一方面,我们应该坚持开放、包容的态度,鼓励从学生到研究机构、从普通民众到专业人员,更广泛地实施"大胆发明",鼓励把各类高新技术与交通需求结合,发现新的工具、技术和模式,哪怕看似是天马行空。但另一方面,当我们把具备落地应用条件的"发明"转化为实用性技术,特别是在实际工程中大面积推广时,应该"审慎创新"。

应通过综合论证、科学决策、公开征求意见等程序,重点把控好"中间性试验"环节,避免类似偏离目标、脱离实际的"巴铁现象",避免给国家和企业造成浪费。同时,应把政府投资更多地转变为市场作用下的企业投资,确保建设项目能长期持续提供交通和信息服务,为社会创造实际价值。

二十

BIM杂谈 | 美国的困惑

1. 引言——技术成熟度曲线

美国著名的信息技术咨询顾问加特纳(Gartner)曾经发布过经典的技术成熟度曲线(Hype cycle)曲线图,技术成熟度曲线描述了一项技术从诞生到成熟的过程中行业对这项技术的期望。

按照百度百科的解释,一个新技术出现后,市场的预期会经历4个阶段[原版的技术成熟度曲线是5个阶段(图20-1),百度百科将“上升期”与“快速发展期”合并成一个阶段]。

上升及快速发展期:这两个时期属于理论研究阶段,在这两个阶段新的技术理论出现并快速成长,且很快到达巅峰。这一段时间的工作以基础理论研究为主,理论突破频繁、成果大量涌现。

下降期:到了快速发展期的顶端,基础理论基本成熟,研究成果的总量已经很多,理论探索空间越来越小。此后,理论工作者对该项技术的关注程度逐渐降低。而此时,该项技术在产业上的应用尚未成熟,因此,新技术的受关注程度进入下降期。

爬坡期:随着新技术在产业应用中的逐渐成功,产业技术的研究热潮使得该项技术的受关注程度再次增加,并将其带入一个持续发展的爬坡期。相对于理论研究而言,产业技术研究的内容要细致和深入得多。因此,这个阶段的发展速度已远远不如上升期那么迅速。

稳定应用期:最终,随着基本产业技术的成熟,应用技术研究进入稳定应用期。

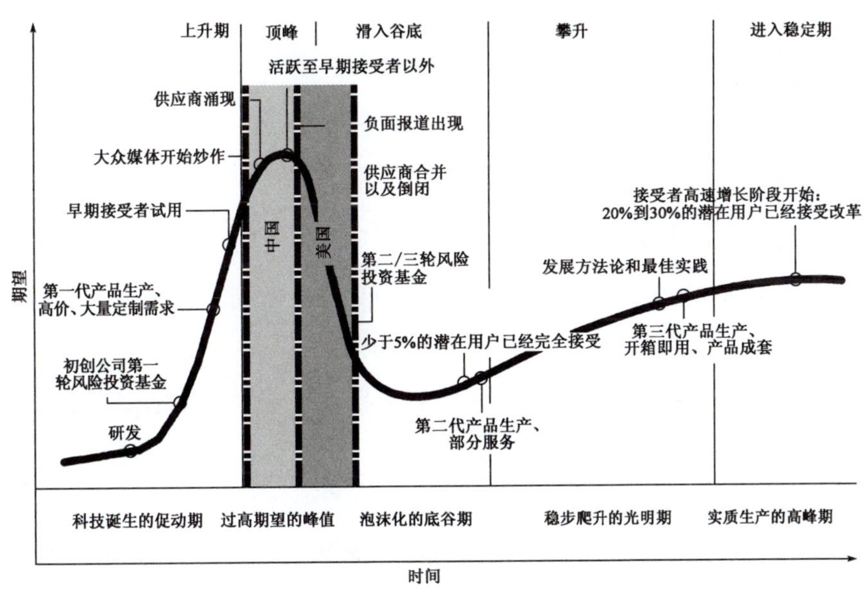

图 20-1 Gartner 的 Hype cycle 原图

BIM 作为建设行业的新技术,在推广时,尤其是软件商在推广时,技术成熟度曲线也被反复使用。有趣的是,软件商们在引用技术成熟度曲线图时往往喜欢刻意弱化下降期(图 20-2)。

而我们的行业,似乎也正在按照技术成熟度曲线进行着。美国,作为大部分人心目中现代 BIM 技术的起源地,似乎正经历着技术成熟度曲线中痛苦的下降期,整个行业在困惑中迷茫地前进。

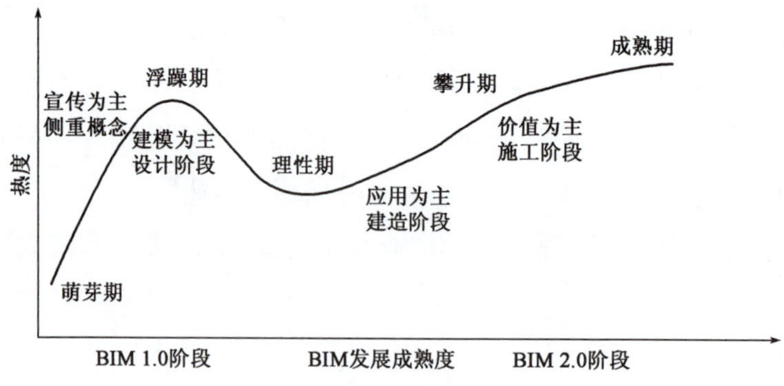

图 20-2　BIM 软件商的技术成熟度曲线

2. 人为创造的技术

BIM 的雏形起源于两条主线:一个是为了解决二维的局限而衍生出来的三维技术,一个是为了解决信息化而提出的建筑信息体系。这两条主线都是针对行业需求为了解决问题所出现。

21 世纪初期,几个著名的软件商基于当时的几款参数化三维设计软件,将 3D CAD 和建筑信息结合了起来,并创造了一个新名词——BIM。这个 BIM 也就是现在所说的 BIM。

维基百科认为,在公开范围内,现代意义的 BIM 最初是由欧特克(Autodesk)在 2002 年的一份行业报告白皮书中提出的。那一年欧特克在收购了 Buzzsaw 5 个月后,以 1.3 亿美元的天价收购了 Revit,这两次收购是 Autodesk 在 2007 年收购 Navisworks 前最大的两次收购。

于是便有了欧特克在 2002 的那份白皮书(图 20-3)。白皮书中,欧特克提出了 Building Information Modeling,也就是现在的 BIM(其实很多软件商都声称自己创造了 BIM)。欧特克在白皮书中赋予了 BIM“协同设计”与“构件驱动 CAD(object-oriented CAD)”的特征。欧特克最初给 BIM 的定义“精确”地对应了刚刚收购的 Revit 与 Buzzsaw 的功能。

欧特克建筑工业解决方案

欧特克	白皮书

建筑信息模型

介绍

建筑信息模型是欧特克为了在建筑工业上进行信息技术的应用策略。

建筑信息模型解决方案有三个特征：

1.他们通过在数字数据库上创建和运行来协作。

2.他们操作变更遍及这些数据库，因此对于数据库任一部分的改变都是与其他部分协调的。

3.他们通过附加具体的工业应用占据和储存信息来重新使用。

建筑信息模型解决方案的应用对于建筑的设计、建造和运行方面，促进建筑业专业人士更高质量的工作、更快的速度和生产力以及更低成本。

白皮书讨论关于在工业上信息技术的如何使用已经有了建筑信息模型的想法及其特征以及建筑信息模型解决方案的益处。

图 20-3　Autodesk 在 2002 年发布的白皮书

在某种意义上，BIM 这个名词的创造很大程度上是为了软件商的市场营销。

3. 理论的膨胀

2002 年的 BIM 并没有像现在一样承载这么多的含义。欧特克当时根据 Buzzsaw 与 Revit 的功能对 BIM 的定位是：可以承载建筑数据、可以进行协同的平台。

美国联邦总务署（GSA）在 2003 年发布的《3D-4D BIM 技术项目》（3D-4D BIM Technology Program）对 BIM 的定位也只是可视化、协同、模拟、优化——在协同的环境里利用可视化的优势进行模拟，从而优化。那个时候的 BIM 还只到 4D 这个维度，并且仅仅只是模拟。GSA 也对 BIM 技术进行了展望：BIM 在承载了建筑信息后可能可用于以后的建筑运营（operation）。

所以现代意义的 BIM 在最初还仅仅只是具备信息储存载体的 3D CAD 的初步拓展。BIM 技术出现的最初似乎是符合行业发展需求的。

但是，请永远不要低估“非盈利”行业组织扩大自身影响力以及学术界发表论文的心。一个虚拟的建筑、承载了项目信息、各方在其中协同——人们发现 BIM 似乎是虚拟世界的建造管理。2005 年美国总承包商协会（AGC）正式把 BIM 定义为一个“模拟建造与运营过程的计算机技术”，这时 BIM 的概念开始逐渐向建筑全生命周期的各个管理维度上进行扩展。

为了解决某些问题而出现的技术是可以得到行业迅速认可的，但用一个技术去刻意解决其他问题，我们就会陷入“技术-过程-人”这样的循环。

当 BIM 与管理并且还是全生命周期的管理挂钩后，BIM 的理论体系开始迅速膨胀。行业组织与学术界开始针对在二维世界里没有实现的管理愿景，借鉴了制造业与工业界的思路，在 BIM 的基础上创造了一系列的概念——大量的名词、框架结构、理论体系、管理方法开始出现。这些概念的出现并不是因为需求而出现，而是为了支撑 BIM 理论而出现。讽刺的是，创造这些体系的人，可能一天都没在应用的企业界待过。而行业组织与学术界创造了这些体系后，开始要求企业去适应这些并没有被验证过的理论。

所以，当人们再次面对这个原本只是为了解决可视化与信息化而出现的技术时，人们发现 BIM 变成了一个很复杂与庞大的物种。

4. 不买单的行业

查克·伊斯特曼（Chuck Eastman）发表过一篇关于编码体系的论文里有一个很有趣的图表：MasterFormat 和 UniFormat 的出现是行业为了解决信息管理的问题逐步根据实践经验形成的。OmniClass 的出现则是基于一个理想化的状态，组织更全面，结构更完善（图 20-4）。

一边是行业根据需求自发形成的体系，一边是为了力求涵盖建设项目全方位信息而形成的理论，行业的认可度可想而知。所以 OmniClass 在发布后的这 10 多年来其实一直都是很尴尬的存在，一方面是行业组织与学术界的推崇,一方面却是企业界的不买单。一直到现在,美国的企业界还是主动沿用着 MasterFormat 与 UniFormat。

体系分类	OmniClass	MasterFormat	UniFormat
起源国家	北美	北美	北美
出品方	CSI和CSC	CSI和CSC	CSI和CSC
语言	英语	英语	英语
用途和特性	在项目周期中对于在建筑环境中所有目标产品信息的组织、分类、检索	施工组织、产品需求与相关活动的总清单，多数用于竞标和规格书	施工信息安排、组织围绕已知设置的物理部件作为功能的基本部分，主要用于成本概算
结构	ISO 12006-2, ISO 12006-3, MasterFormat, UniFormat, EPIC	行业惯例和逐级展开	ISO 12006-2, 专业判断
分组原则	按面划分	按层次划分	按层次划分

注: Omniclass, MasterFormat, UniFormat为分类体系。

图 20-4　MasterFormat、UniFormat、OmniClass 的对比

OmniClass 不是因为 BIM 而存在,但是它的发展确实遵循着 BIM 世界里的美好愿景。BIM 里的很多理论体系就是这样,它们代表了部分人对建造管理的美好愿景,他们的设计是基于一个完美的状态而形成,然而却走上了技术-过程-人这样的路。企业对这样的体系并不买账。

另外一个比较讽刺的是,Autodesk 作为国际协同工作联盟(International Alliance of Interoperability,IAI)的发起单位之一,现在却是对自己当年提出的信息协同理论体系最为怠慢的企业之一。或许 Autodesk 在 BIM 技术膨胀期已认识到,对于一个龙头软件企业,最好的协同其实就是不协同(IAI 成立于 1997 年,Autodesk 第一次提出 BIM 是 2002 年)。

BIM 理论体系的存在很多是基于"协作与共享"的理想状态,但是人性却不是如此。

5. 浮躁的 8 年

2007 年是非常重要的一年,在 BIM 发展中起着重要推动作用的 GSA

正式发布了 GSA BIM 指南系列，宾夕法尼亚大学发布了 BIM PxP(Project execution Plan，项目执行计划)，而美国国家 BIM 标准也在这一年发布。

所以笔者一直觉得美国真正的 BIM 膨胀期是从 2007 年开始的。到 2015 年美国国家 BIM 标准更新到第三版(图 20-5)，这 8 年是美国 BIM 发展最浮躁的 8 年。

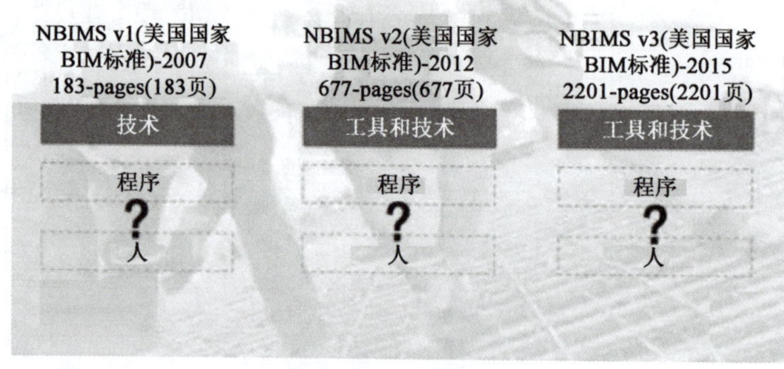

图 20-5　美国国家 BIM 标准的发展

这 8 年里各种 BIM 理论开始迅速完善，在软件商、行业组织、学术界不断神话 BIM 的价值后，于是开始有第一批人尝试这些理论体系。

这 8 年，当你参加美国每一个 BIM 会议的时候，你会听到人们都在不断地问设施资产信息交换标准(COBie)到底该怎么用、MasterFormat 怎么向 OmniClass 过渡、4D5D 的意义是什么、综合项目交付(Integrated Project Delivery)该怎么实施、为什么龙头软件商对信息交互其实并不是很积极，等等。美国 BIM 泡沫在这 8 年里达到了最顶峰。

但是在那浮躁的 8 年里，当企业把因为 BIM 而火的理论都尝试了一遍后，发现事实并不是想象中那么美好。OmniClass 在美国其实是被企业所抛弃的，在业主疯狂推广设施资产信息交换标准但经历了很差的用户体验后被提起的频率越来越低，协会与学术界强力推介综合项目交付，但美国的纯综合项目交付数量现在还没有超过 50 个(来自明尼苏达大学的统计数据)，当年涌现出来的一大堆 4D5D 软件开始逐渐消失，而龙头软件商们现在似乎更乐意打造属于自己的 BIM 闭环。

行业开始充满了困惑。

在"美国BIM标准"第三版编写过程中,很多经历过第一版和第二版编写的专家突然意识到这个国家的BIM发展可能走错了方向,于是中途一批编委主动退出了标准的制定。我觉得这算是美国在BIM的技术成熟度曲线进入下降期的标志。

2015年发布的美国国家BIM标准达到了惊人的2201页,要知道美国的BIM标准不是真正意义上的标准,里面大部分内容只是给出参照与引用的出处。比如美国BIM标准中对发展历程(LOD)的陈述只有3页,但它引用的美国承包商协会发展历程(AGC LOD)有249页。所以美国国家标准虽然有2201页,但是却承载了上万页的信息。

面对如此庞大而复杂的体系,有些专家开始反思:为什么标准发布的8年间行业对BIM的认可还只停留在3D部分?BIM理论体系真的有意义吗?

于是有专家开始退出,他们发现,限制行业发展的不是技术本身,而是人、以及与人不相匹配的工作流程。

6. 被忽略的事实

国内许多文献在阐述BIM应用价值的时候,都喜欢引用国外所做过的事。比如美国威斯康辛州州政府发布了BIM标准并强制要求相应项目应用BIM技术。威斯康辛州推广BIM背后有一个事情却被很多人忽略了,在国内的文献中也从未被提及。

2011年7月,在威斯康辛州发布BIM标准并要求所有州政府项目使用BIM技术的两年后,州政府发布了一个《现阶段州基础设施部行业实践及未来发展发现》(Current DSF Practices Industry-wide Movement Future Directons)。这个调研报告里面包含了行业对第一版BIM标准的反馈意见、实施效果及对未来的发展展望。

在经历了两年的推广后,威斯康辛州对BIM技术的发展定位是维持现状,关注行业动态。报告总结了当时推广 BIM 技术所遇到的阻力,州政府发现,与 20 世纪 80 年代 CAD 技术的推广不同的是,BIM 技术的发展涉及整个行业所有层次的人与专业,BIM 技术推广遇到的阻力来自方方面面,包括人、社会和文化、管理流程、商业支持、法律因素,等等。

所以作为第一个支持 BIM 技术的州政府,在经历了一段时间实践后,威斯康辛州后来对 BIM 技术的发展是持谨慎态度的。

美国后来虽然还有很多州政府推出了 BIM 标准,但实际上这些 BIM 标准只是 CAD 标准的延续,只涉及 BIM 出图的要求。

7. 第一批人的离开

在 BIM 技术逐渐推广后,美国的企业界出现了第一批以 BIM 或 VDC 为代名词的从业者,他们的成长伴随了 BIM 技术的发展。但是,在 BIM 技术发展到一定阶段后,这批人陆续选择了离开。

Vico Office 的创始人之一奥利 · 斯宾森(Olli Spensnon)回到了大学投入到学术中;Irvine Company 的副总裁克莱夫 · 乔丹(VP Clive Jordan)开始创业做起了发展程度分层规划器;Balfour Beatty 的首席技术官布拉德 · 哈丁(CTO Brad Hardin)去了一家非上市总包企业 BV 去营销自己的大数据;5D 应用典范 Webcor 的预建造主管彼得 · 索斯诺斯基(Peter Sosnoski)去了更注重数据的 WeWork;一直被行业追赶与学习的 Turner 和 DPR 的 VDC 总监维克多 · 布莱恩(Viktor Bullain)、内森 · 伍德(Nathan Wood)分别创业建立了 Globalcoa 与 SpectrumAEC,McCarthy 的 VDC Director 戴夫 · 麦库尔(Dave McCool)去了 Procore 安心做起了产品……

他们的离开并不是因为职业遇到瓶颈,而是这批人意识到 BIM 的发展遇到瓶颈了。在企业中,不管职业怎么发展,所面临的问题不会改变。BIM 其实面临着与项目管理同样存在的问题。项目管理所遇到的问题其实是人性的体现,可以改变技术,但却无法改变人性(图 20-6)。

于是,这批人选择了离开,选择用另一种方式来推动行业进步。

图 20-6　项目管理的人性

8. 行业的沉淀

在 BIM 的技术成熟度曲线进入下降期的时候，行业开始进行反思。虽然 AU(Autodesk University，是美国欧特克公司创办的"欧特克大师汇"的一个活动)每年还在不断推广着振奋人心的新科技，但是美国总承包协会与国际协同工作联盟这两个美国最大的行业协会已明显开始放慢脚步。

2017 年两次 BIM 论坛的主题，一个是对业主需求的反思，一个是对行业本身推广新科技的反思。美国总承包协会不再提出新理论，而是把工作重心放在了更务实的发展程度(LOD)上，并坚持每年都对发展程度(LOD)进行细化。人-过程-技术(People-Process-Technology，图 20-7)这样的理论开始被行业接受并被反复提及。

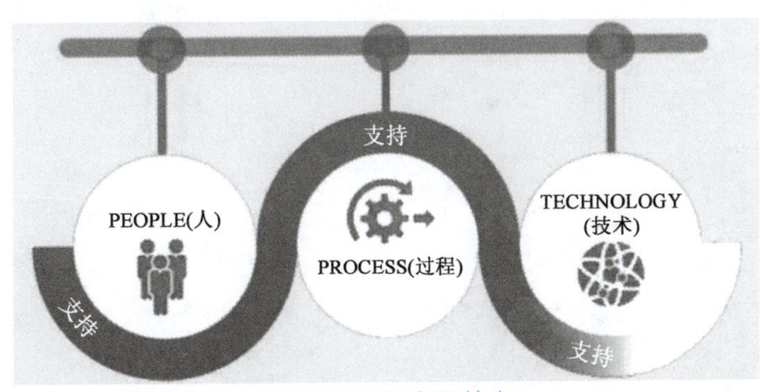

图 20-7　人-过程-技术

而行业在经历了8年的泡沫后，也变得更加理性，开始用基础的技术沉淀来迎接BIM技术的未来。大家发现，只有实现了BIM技术出现时最本质的目的后，行业才会慢慢向BIM的理想状态前进。

9. 结语

这篇文章只代表笔者个人的主观想法。希望能给大家带来一些参考。

感谢支持！

（本文摘自JoyBIM微信公众号，本文摘录时已征得原文作者授权，引用有删改。）

二十一

BIM杂谈|技术的制约——人

1. 引言

本篇文章将探讨 BIM 世界里人的因素。

2. 人

说一个非常有趣的现象，当从事 BIM 技术的人遇到一起时，讨论到技术之外的问题时总会抱怨：项目经理只知道赚钱，国内管理太落后，技术不受重视……各种抱怨。有趣的是，在国外，当讨论起一个项目或者一个团队时，出现频率最高的是“一团糟”他们互相指责诸如此类的消极词汇。

造成这种情况的原因是什么，肯定不是技术本身，而是我们自己——人。

3. 人-过程-技术

DPR Construction(美国一家承包商公司)一直是美国总包里流程管理的典范,DPR Construction 原创意总监——内森·伍德(Nathan Wood)说:我们行业习惯性地推动科技的方式总是技术第一、流程第二、人第三。所以造成的结果是:我们制造出一个技术,然后顺着这个技术制定新的工作流程,最后我们要求我们的管理人员来适应这个流程。

建设行业不同于其他行业的一个特点就是劳动组织的庞大。内森·伍德说:我们——人才应该是第一位的,最重要的。在工程建设行业,我们正确地推进科技的方式应该是:人第一,流程第二,技术第三。即:根据项目管理中人性的特征优化我们的工作流程,再让技术来顺应我们的流程(图 21-1)。

图 21-1　建设管理与人

举个简单的例子,在进度方面,项目管理者根据人的管理习惯与经验创造了"关键路径法""赢得值法"等种种的经典管理流程,于是行业根据这些流程创造了经久不衰的 Primavera(是一种世界上流行的项目计划管理软件产品)。不仅仅是 Primavera,我们建设行业那些经典的技术与工具都是来源于我们用户本身。

BIM 出现的初衷也是如此,它本来只是二维设计向三维设计的转变:根据我们的设计习惯优化我们设计的工具和技术。可是后来 BIM 被承载了太多的含义,当 BIM 成为广义上的“技术”时,我们的行业开始把 BIM 技术强行渗透到了建设过程的方方面面。

3D CAD 的初衷是解决人的思维局限性优化设计流程,所以 3D CAD 的出现遵循着人-过程-技术的方式。当学术界和工业界在 3D CAD 的基础上定义出“BIM”的概念,并把“BIM”概念论证到建设全过程后,我们开始走向了一个错误的路径:人-过程-技术。

举个简单的例子,因为有了 BIM 技术,我们开始探索 BIM 技术在项目管理某方面的应用,于是针对 BIM 理想的状态制定出了工具与流程,然后我们把工具与流程带到项目上,要求大家去适应它。

结果可想而知。

这就是为什么 3D 被接受得那么快,而 BIM 的其他应用落地却是如此艰难。在未来的很长时间内,BIM 还会维持这个现状。

4. 陈旧的组织 + 新的技术 = 昂贵的陈旧组织(OO + NT = EOO)(图 21-2)

图 21-2 OO + NT = EOO

雷克斯·米勒(Rex Miller)在《商业房地产革命》(The Commercial RealEstate Revolution)一文中提到:“一个陈旧的组织 + 新的技术 = 昂贵的陈旧组织。”(Old Organization + New Technology = Expensive Old Organization)

仔细回想下我们在行业里推广 BIM 所遇到的问题,是不是完美地阐述了雷克斯·米勒的话?BIM 技术难以落地,阻拦我们的不是技术本身,而是我们自己——人,以及与人不相匹配、为了迎合技术而制定的工作流程。

所以很多时候在建设行业里作为一项"技术"的推动者,往往面对的是一个"陈旧的组织",而技术人员因为专注于"技术"本身,使得技术难以落地。可当真正意识到问题所在后,推动者们可能会陷入更大的绝望中。

5. 结语

这篇文章比较偏向于概念并且阐述的内容也很简单,主要的目的是引出——人——这个制约我们建设行业进步的最大因素,到未来的讨论中。

(本文摘自 JoyBIM 微信公众号,本文摘录时已征得原文作者授权,引用有删改。)

BIM杂谈 | 漫谈5D

1. 引言

《建筑信息模型和施工管理》(BIM and Construction Management)的两位作者——布拉德·哈丁(Brad Hardin)和戴夫·麦克酷(Dave McCool)在2016年的1月9日来到了中国,参加了南海大道BIM论坛。其中戴夫·麦克酷在2016年的5月13日和2017年的5月27日第二次与第三次来到了中国,在北京和江苏开展了多场交流。

2. 综述

说到5D,《建筑信息模型和施工管理》里面有个经典的图可以阐述行业对5D的认知过程(图22-1):5D是时间、资源与造价的一体化。目前许多人已经意识到了这点,但是大部分人对于5D的认知还处于是将分离的算量加4D上。这张图对不同阶段的进度和造价的用词切换很有深意:从初期的 4D,到后期的日程表(schedule),再到最后的时间(time)和资源(resources);从初期的材料统计(Material Takeoff)到后期的预算(estimate)再到最后的资源 + 成本(Resources + Cost)。简简单单的几个词包含了太多的信息。

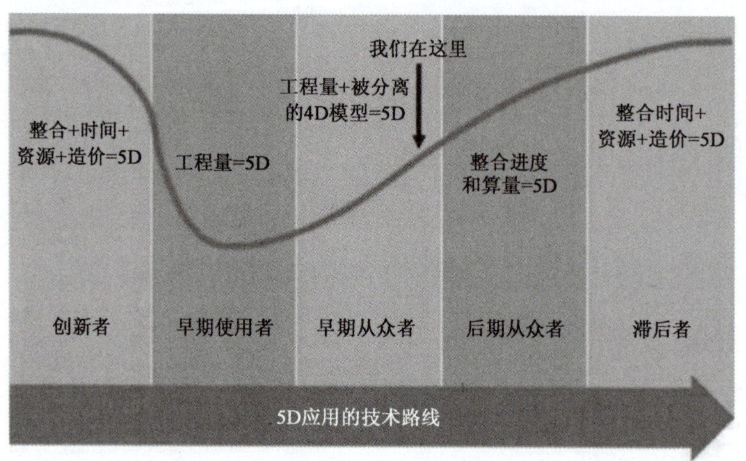

图 22-1　5D 认知过程

笔者曾经和国外某著名的 4D 软件商的虚拟设计和施工(Vitual Design and Construction,VDC)工程师聊过,在他们的理念里,进度和预算是两个体系,项目管理中先有进度再有预算:做进度的时候确定施工方案,施工方案和设计确定造价——5D 的前提是 4D。我相信很多人都有这样的理念,也就是我们大部分人的理念及工作方式处于上图所说的阶段 2。但很多人忽略一个特点,就是 4D 和 5D 的工作面对的是同样的"对象",BIM 有两个本质的特性——信息和协同。所以理想化的 4D 和 5D 应该是融合在一起同时进行的。

我们现在的 4D/5D 的用户体验是很差的,由于有些软件商在行业里起到了误导的作用,使得 BIM 没有成为我们 4D/5D 的工具,没有让 4D/5D 面对同一对象工作。这使得很多人觉得 4D/5D 的过程增加了工作量,且起不到指导项目的作用。首先,BIM 的本质是工具,所以 BIM 肯定也是我们编排进度、提取工程量、进行概预算、安排资源的工具,而不是通过传统的工作方式后再将结果挂接至模型这样的倒置方式。另外,4D/5D是一体的,4D/5D工作面对的是同样的对象,从同一信息源提取信息进行工作,而不是事后将信息整合到模型中。

3. 关于5D

书中认为5D=时间+资源+成本。所以先从成本开始谈起。书中对描述成本用的第一个词是“材料统计”(Material Takeoff),这是我们所有做5D时都需要面对的第一个问题:工程量计算。这里的算量显然不是指为了算量而建模,而是指直接将设计、施工模型的工程量进行提取。

5D中的材料统计就是从BIM模型中统计材料数量。由于国内一直是图形算量,即通过对图纸的描绘得到三维模型再得出工程量,于是部分软件商把这个叫做“BIM算量”。美国工程预算行业里有两款垄断的软件:On Screen Takeoff(OST)和Timberline(OST和Timberline均为工程算量和预算统计的软件产品)。OST主要做算量,Timberline主要做造价还有企业数据库。OST是个十分简单粗暴的软件:预算员把图纸投射在电脑屏幕上,然后用不同颜色的记号代表不同的材料沿着图纸描绘一遍,最后统计出工程量后再录入至Timberline进行计价。

所以大家可以发现,虽然是图形算量,但是我们其实还是走的以前二维算量的老思路,两者没有本质的区别,BIM迭代的优势并没有体现。

虽然我们也可以直接从设计的BIM模型中提取量,可惜我们行业还无法完全做到从BIM模型中统计材料数量,大部分的材料统计还是只处于对主要材料在设计阶段的概算,对于大部分总包单位,我们的预算人员还是无法接受来自BIM的工程量:谁能保证模型是正确的?我们行业3D世界的LOD还远远无法达到2D世界的深度,这也是制约Material Takeoff的因素。真正对总价控制产生关键影响的,往往不是那些我们很容易从模型中得到的工程量，而是和我们的措施、做法、节点相关联的量，这些量的提取不是仅仅靠模型深度来解决，而是通过我们标准化的数据库来支持。而这部分工作需要一个企业长期地沉淀与积累得到。然而我们行业超快速地膨胀使得企业很难真正地沉下心来解决真正需要解决的问题。

所以虽然我们常常对 5D 大谈特谈，从理论上好像很多人已经达到了很高的境界，但是我们这个行业仍在 5D 的最初级阶段——“材料统计”，还有很长的路要走。

书中描述成本用的第二个词是(预算)，这相比于材料统计来说比较容易实现，但也可以说更难实现。说容易是因为预算的过程其实就是对已经算出的量进行组价的过程，说难是因为这也需要一个更完善的企业数据库来支持。

笔者和很多人讨论过这个问题，大部分人都很难理解。因为在他们看来只要有了量后组价就很容易了，或者说就可以直接套定额了。这实际上还是陷入了传统 2D 思维的圈子里。我们忽略了我们是在使用 BIM 实施预算，我们忽略了 BIM 能给我们带来的优势是什么。

BIM 在成本里的一个重要优势就是迭代模型的使用。美国的施工管理(Construction Management)里面有一个很经典的“决策树”理论：就像树枝的分支一样，每个决策的改变都会带来无数可能的方案。

当我们将 5D 中的材料统计赋予了成本后，模型便成了一个“造价模型”。所有的变更以及变更所引起的分支带来的造价变化都会直接体现出来。而不是像传统 OST 方式中的重计量。这在设计阶段管理团队对项目的总价控制管理中起到了很大的作用。

这个树状结构同样适用于造价层级分级，通过模型的构件级和材料级的组合与分解，将一个项目的造价枝干情况梳理清楚，在设计过程中，利用模型的迭代从而对过程的造价进行管控。

讲到了 5D 层级分级，这里就不得不涉及编码体系问题，这是一个很容易起争议的话题。而讨论这个不得不将 5D 与 4D 结合起来看。

迭代模型的决策树(图 22-2)和造价分解的枝干脉络(图 22-3),构成了 5D 的网络。有了基于构件级、相互间有着逻辑关联的 5D,我们的 5D 本身就成了一个数据基础,使 BIM“数据性”的特质充分发挥出来,从而为未来的造价大数据提供了基础。

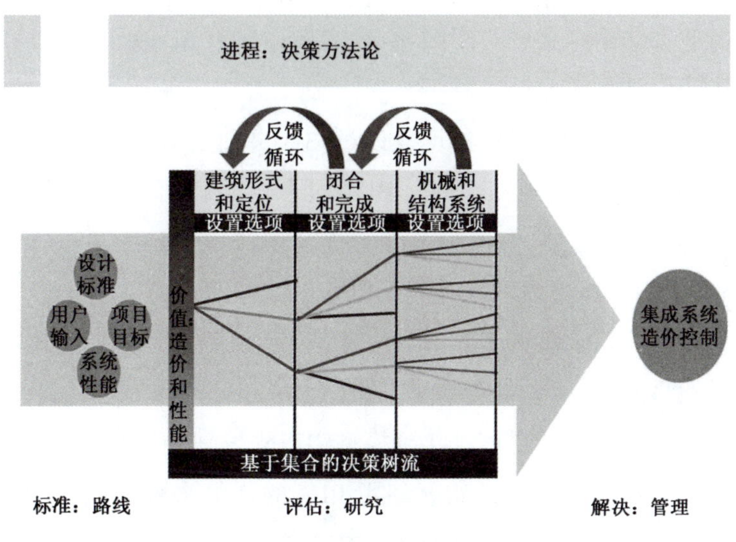

图 22-2　决策树理论

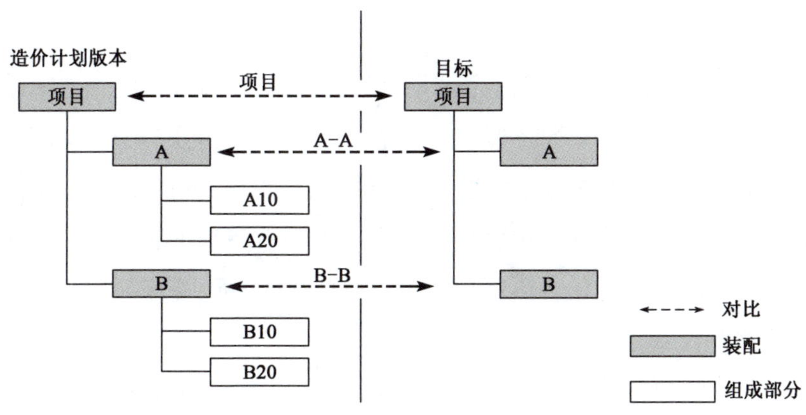

图 22-3　造价枝干

5D 的阐述就到这里。单纯的 5D 是个比较简单的概念,但 5D 的意义不是单纯的获取工程量和组价。5D 的意义在于模型的迭代和数据库的打造。同样 5D 的价值也会因时间维度的加入显得更有意义。

4. 关于 4D

说完成本再来说说时间。书中对时间用的第一个词是"4D",这是目前整个行业都普遍存在的一个问题:我们只是在用 BIM 做进度模拟,BIM 没有成为我们计划编排的工具。

我在各种交流和演讲中都反复说过:3D 是利用 BIM 做设计,如果先有图纸再翻模,许多人就说这是假 BIM。同样,我们可不可以这样理解,4D 是用 BIM 做计划,如果我们先以传统的方式编排计划再把计划挂接到模型中,我们可不可以称之为假 4D?

我们的行业目前就处于这样的一个阶段:BIM 只是我们进度可视化的一个手段,即书中所说的分离 4D 模型(Separate 4D Model)。我们把用传统二维方法排出来的进度挂接到模型中以求发现计划的缺陷并优化计划。可是我们却没有从一开始就利用 BIM 的优势来辅助我们的计划编排的决策。4D 的意义在于:BIM 模型中包含着太多的项目信息可以作为我们计划编排时的决策依据,而不是计划排完之后再通过各种资料与模型的挂接来验证计划的合理性。

书中对 4D 第二个阶段的用词是日程,这就阐明了 4D 的核心其实是整个进度管理过程 4D,而不是传统方法进度编排完后的 4D。同时第二阶段的 4D 是附有评估的综合进度表(Integrated schedule with estimate)。这是一个很精准也是一个很有趣的定义。因为从单纯的进度计划是很难判断计划编排的最优性,计划逻辑的正确性是一方面,更重要的是在合理的计划逻辑上资源的最合理分配。

行业也意识到单独的 4D 无法解决问题,计划管理中错综复杂的任务接口管理、资源合理分配不是说通过一个模拟视频就能解决的。于是行业中出现了用着这样工作流程的 5D 产品:"商务挂接""进度挂接"等各种挂接。是的,我们的行业意识到了"预算集成进度",可是我们的产品还是二维时代的思路：传统的二维工作方式，成果通过“挂接”而成为“BIM”，BIM 不是最开始的工具。

就像图 22-4 所示的一样，以前的算量、造价和进度的工作是分离的，BIM 只是一个可视化的平台将各类数据汇总在一起，通过“后 BIM”的方式来检查原先的决策是否正确，而不是在一开始做决策的过程中就利用 BIM 模型中的信息来帮助我们做出正确的决定。所以即使我们有些工作已经在“图形”化，但是我们的本质还在二维时代。

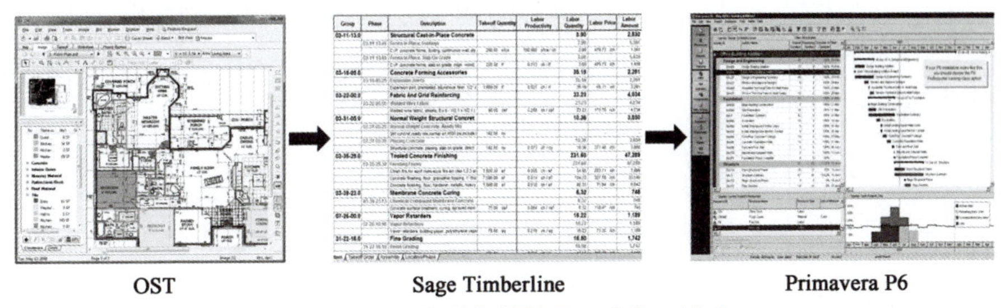

图 22-4　二维时代的算量 + 造价 + 进度

书中对 4D 第三个阶段的定义是时间，并且是考虑资源和成本的综合时间(Integrated time with resource and cost)。前面说进度的最优是在合理的计划逻辑上实现资源的最合理分配。时间是超越了日程(Schedule)的一个概念：这个时候的 4D 不是简单的进度，而是更大范围——时间的定义。而资源和成本也是超越了第二阶段预算的一个更大的概念。所以当我们把 4D/5D 定义成考虑资源和成本的综合时间(Integrated timewith resource and cost)时，就是对应了项目管理中一项重要的工作：围绕着项目的时间轴对项目资源和造价进行平衡与管控。

举个简单的例子，我们常说 P6 不仅仅只是一个进度管理软件，而是一个综合性的项目管理软件。因为广义上的进度管理，是对项目的实施进行全面规划的过程，这个规划过程要阐述的是完成拟建建筑物实体所必须进行的各个步骤、各个步骤所处的时间段和空间位置，同时为了保证这些规划的步骤能够实施，进度的编制中还要阐述支撑这些步骤所必需的人力、机械、材料等各种资源辅助计划。因此可以说进度编制所阐述的内容是:在某段时间、某个空间内通过某些人力、机械、材料的投入来实现某个施工步骤。所以 Primavera 中项目管理一个重要的手段就是通过进时间轴线的资源管理来实现,也就对应了第三阶段的考虑资源和成本的时间(time with resource and cost)。

同时施工进度管理是一个不断循环进行的动态过程。在这个过程中,管理者以进度计划编制或调整为起点,通过实际进度跟踪与采集获取工程实际进展数据,再利用关键线路或进度偏差分析等方式确定偏差产生的原因以及可能带来的影响,最终制定合适的进度计划调整方案。如此形成一个循环的动态过程,周而复始,实现对工程施工进度的有效控制。所以 BIM 应该是 4D/5D 实施过程中的数据载体。

4D 与 5D 是不可分割的,两者中缺了任何一个维度都会失去意义。有个有趣的现象,国外的同事在介绍国外某些 5D 软件的时候都喜欢说"这是将来会取代 P6 的软件"。所以,5D 离不开进度管理,5D 的核心其实是项目管理。

所以 5D 实施的现状也就是我们项目管理的现状。当讨论上升到"管理"这个层级时,这篇文章也该结束了,因为这是一个永远没有结尾的话题。

5. 编码及面向对象

前面讲到了编码体系的问题,这是个看似项目管理中微不足道但是却是把 4D、5D 紧密联系在一起的纽带。行业里很多人提到过,编码的问题可以通过计算机来解决,编码是二维时代的妥协。这个说法没错,但是我们要把理想与现实区分:项目实际实施时需要拿来就能使用的解决方案,而不是一个目前还处于课题阶段的理论。所以在现阶段,最好的解决方案还是编码,编码在某种程度上和对象有着共性,只不过以更通俗的方式显示。

笔者每次在做 BIM 5D 方面演讲时都会反复提到 UniFormat 和 MasterFormat 的问题,一个为构件级编码,一个为材料级编码。即一个更适用于决策层面的方向把控,一个更适用于实施层面的项目管理。4D/5D 是覆盖整个项目周期的,在建造阶段的项目管理需要以细化到材料级的任务来驱动;而在预建造阶段以及现阶段的 BIM 软件限制,使得此阶段的项目管控更适合于构件驱动。所以没有绝对适用的编码体系,4D/5D 的实施中,构件级的编码和材料级的编码必须是要有一个融合,也就是编码必须要有个树状体系的层级,这个层级不是简单的分部分项,而是以构件为驱动的分解(图 22-5)。

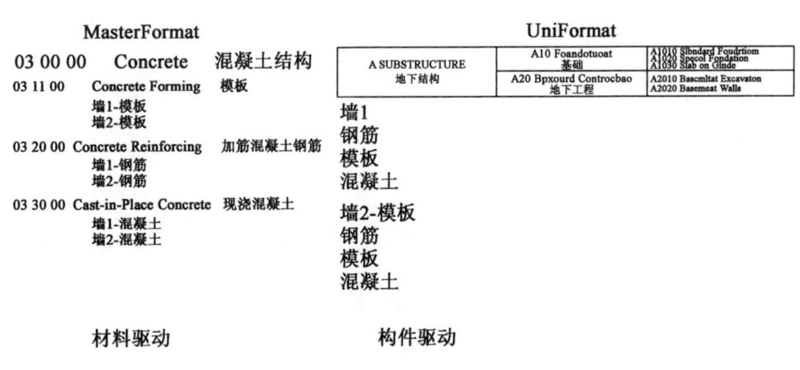

图 22-5 编码驱动层级

其实 ASTM 美国材料实验协会和国外某个著名 5D 厂商的样板数据库都给过很好的解决方案。但很少有人真的沉下心来研究过:很多人反复说着 UniFormat 和 MasterFormat,但是很少有人舍得花 100 美元把 ASTM 美国材料实验协会下载下来真正研究里面的结构;前面说的那个国外著名 5D 厂商非常经典的数据库案例到了国内仿佛也销声匿迹,没有人真正研究了。

编码的意义不止局限于一个编号,编码的层级关系更是一个项目逻辑关系和组织分解的体现,一个逻辑思路佳的编码能将预建造与建造的数据贯通,使进度与造价更好地融合。UniFormat随着 BIM 而火,但是其发展却越来越返璞归真,与 MasterFormat 越来越接近,这便是融合的发展。

6. 大数据

在5D施行过程中还有一个很重要的工作就是企业数据库的建立。如果在施行5D的过程中，一个企业没有一个强大的高度标准化的数据库做支持，那企业的5D施行必将是失败的。数据库的形成不仅是靠企业在无数项目实践上所积累出来，更是需要一个标准化工作流程来支撑。在BIM技术出现之前，美国传统的总包公司就有了自己基于Timberline和P6的企业数据库、编码体系、标准化流程。由于完善的企业数据库，使得美国从二维向4D/5D的转化变得相对容易。

5D的核心是项目管理，通过5D这样的工作方式积累的企业数据库所带来的利益是未来建设行业的大数据。5D让我们的建筑有了逻辑有了沉淀，让我的数据有了基础有了积累。

杰瑞莱瑟"Jerry Laiserin"说过的一句话：建筑构件将通过IP具有嵌入式智能和通信能力。装配到建筑物中的部件将具有比单个部件更大的集成化智能。Jerry话中的IP这个词用地很好，他没说ID也没说OO，而是说的IP。所以在4D/5D的道路上不用纠结我们用的是编码还是通过计算机的方式解决对象问题。我们在项目实施时需要的只是符合现阶段的解决方案。

7. 关于5D，我们还缺什么

这篇文章看似大篇幅介绍了很多技术上的事情，其实5D的推广在技术上的阻碍真的很小，可是这里笔者只能大篇幅的谈技术。5D真正的阻碍其实是管理，可是面对真正的阻碍我只能一句话带过。

抛去管理，组织的不同也制约了5D的发展。在美国，5D实施好的企业都有一个共同的特征，就是大预建造的概念很强。预建造是个与现场

生产息息相关但是又非常独立的工作。预建造管理者管理着 VDC、预算、日程三个专业。当这三个专业成为一个部门时,5D 的推广就变得顺水推舟。

除此之外,国内外的发包模式的不同从某种程度上也制约着我们的项目管理,发包模式的无法突破从侧面反映了我们建设行业各参建方之间的履约精神,也反映了我们现有的素质。

8. 结语

其实对于国内的 5D 发展笔者是完全看好的,随着国内 PPP、EPC 项目的逐渐流行,行业倒逼着总包单位在项目规划阶段就要考虑到满足业态的情况通过设计来优化成本、考虑到方案的选型对未来施工的影响。虽然这些项目最后又分解给各个阶段的单位又变成了 DBB,但是时代会进步,BIM 的迭代、数据化优势终将会被大家接受。

最后再提下杰瑞 · 莱瑟说过的一句话和某个 5D 软件经典的流程图。首先是杰瑞 · 莱瑟的话:建筑构件将通过 IP 具有嵌入式智能和通信能力。装配到建筑物中的部件将具有比单个部件更大的集成化智能。

然后是图 22-6 流程图充分阐述了 Jerry Laiserin 对 BIM 未来发展的定义——TOI 的"I"就是分项(Item),对应着建筑构件,5D 的工作流程就

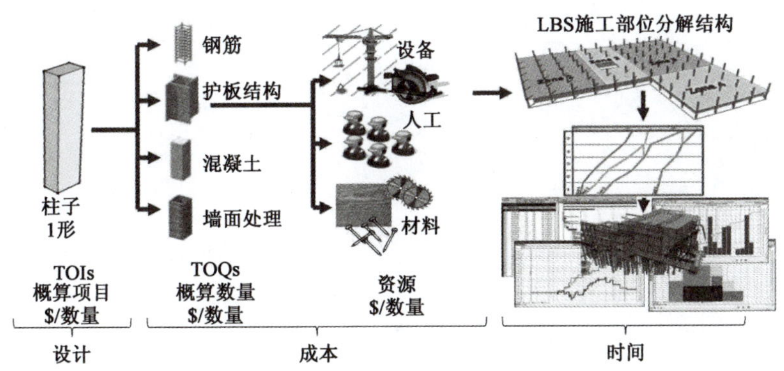

图 22-6

是让我们的建筑构件具有智慧和沟通能力的过程。未来的4D/5D会让BIM超越其本身工具的特性,会让每个建筑构件背后都蕴含着丰富的知识资源。

（本文摘自JoyBIM微信公众号,本文摘录时已征得原文作者授权,引用有删改。）

二十三

何去何从,美国第一批BIM人员从业去向

1.35 岁定律

职场上一直流行着“35 岁定律”,国内如此,美国也是如此。按照百度百科的解释,出现这种现象:一方面是许多用人单位在招聘员工时,都明文规定只要 35 岁以下者;另一方面,不少人在从业 10 多年后会真正反思自己当初的选择,对自己的方向重新定位。

2007 年前后,随着 BIM 技术的爆发,美国的虚拟设计与建造企业应用层面开始大量出现以 BIM 为名词的岗位。企业面对新技术的出现总是喜欢用新人来填补技术的空缺。于是美国开始有大批刚毕业或毕业没多久的学生投入到 BIM 的工作中。

10 多年过去了,这批人都已经成长为各个企业 BIM 或者虚拟设计与建造的顶层力量,并且也渐渐接近 35 岁。

这批人从踏入职场就做着 BIM 的工作,他们曾满怀期望地迎接着建筑行业“革命”的到来,但换来的确是痛苦的体验,BIM 技术也开始进入

下降期。在第一批BIM从业人员面临着BIM的下降期和职业方向的调整时，他们开始面临着一个进退的选择。

这篇文章与待遇、人事无关，与选择有关。

2. 夹心的时代

这是一个夹心的时代，这批人由于技术的空白、人才的缺乏，迅速在各自企业成长并任职了与传统专业年龄不匹配的岗位。美国很多企业出现了一批30岁出头的主管——BIM/虚拟设计与建造的业务主管。

这批人对BIM有着清晰的认知，他们知道BIM对于企业来说是要更好地与业务融合，也知道现代意义的“BIM”已经是超越了传统专业的新技术领域——不是简单的工具替换。

就像曾经和Plaza Construction虚拟设计与建造的业务主管聊天时所说的一样，他把所有BIM可能的方法与应用都在企业里尝试推广，但是企业对BIM的认可还是只停留在3D。

这其实是这批人共同面临的一个问题。

所以在这个还没有完全到向现实生活妥协的年龄，当他们意识到BIM技术已经面临一个难以突破的瓶颈，并且也知道瓶颈由什么造成的时候，在面对着剩下30多年的职业生涯，他们突然发现自己已经站在了一个十字路口上。

从去年开始，每隔一个很短的时间，我就能看到一个BIM Director级别的人更换工作的动态。虽然没有细聊，但是从新的岗位可以看出，他们在做出这个选择时内心经过了很多思考，而他们选择的方向从某种意义上也代表了他们对BIM未来发展的态度。

3. 回归传统的那批人

在纯应用领域，BIM比较理想的一个状态就是与传统业务的融合，所以一批人选择了回归传统。比如 Webcor 的虚拟设计与建造的业务主管去了 WeWork 回归了项目管理,比如 Balfour Beatty 区域虚拟设计与建造的业务主管去了 Level 10 Construction 回归了传统工程师。

不管工作更换背后的故事如何,这批人面临十字路口进行选择时,没有继续坚持走 BIM 的路。BIM 经历这十多年的发展,其实并没有给我们传统整体业务流程带来太大的改变。所以在选择回归传统,在某种意义上就放弃了 BIM。因为除了设计,BIM 很少在美国其他业务领域有所突破。

之前的文章里曾经提到过,在美国,BIM/VDC 背后承载的业务逻辑是设计。设计、时间、成本组成了美国的大预建造。但是美国项目管理层面真正能把设计、时间、成本高度融合的企业少之又少,预建造的业务主导还是传统的造价人员。所以就算 BIM 的人员按着理想化的状态从 BIM/VDC 过渡到预建造,在目前的本质上还是向传统造价的回归。

不过有趣的是,在我的 LinkedIn 朋友圈里,从 BIM Director 这个级别回到传统专业的比例其实很小。就算是回归传统专业,这批人骨子里还是带着一丝不妥协,比如 WeWork 项目管理背后的核心是数据的收集与分析,比如 Level 10 Construction 是一个以创新建造技术而著名的新生代施工企业。

而形成鲜明对比的是,很多初入职场的新生代 BIM 人员反而更急于回归传统。许多人在认识到 BIM 的本质后,迅速转到了像造价/现场工程师(Field Engineer)这样更传统的职位。他们也坚信先从这样的岗位开始更能为未来职业发展带来便利:“反正 BIM 以后什么时候都能学。”

4. 幸运的那批人

BIM 泡沫期中,也有一批人非常幸运,迅速成长为企业 CTO 的角色,对应的还有技术总监、首席科学家等类似职位。

之所以说他们是幸运的一批人,是因为美国能提供相应岗位的企业极少。科技和研发(R&D)对于业务实施层面的企业是一件非常昂贵的事情,企业需要的更多还是直接能产生效益的工具。

这批人普遍更早于BIM泡沫期就已成长,并幸运地遇到了对科技有所需求的企业。这批人普遍还具有一个共同的特点:口才好形象佳。

如果我们看欧特克大师汇或者BIM论坛每年的主旨演讲,站在舞台上的大多数就是这批人。很多时候,你不得不佩服这批人,因为他们一次又一次成功地将市场引导向了他们所设定的方向。而美国BIM的顶层设计也是由这批人在推动。所以这批人的能力在某种程度上其实是营销的能力。

许多时候,我都认为这是应用层面企业界BIM技术人员比较好的归宿之一,因为这样的位置让他们既能坚守着曾经的理想又能在顶层真正地推动这个技术的进步。

或许业务的烦恼已不是他们的烦恼,或许他们正站在一个优雅的位置看着并影响着这个技术从出生走向光辉或者走向死亡。也或许BIM技术对他们来说就只是一个技术,BIM结束了,他们也能找到新的技术进行包装再次营销给市场。

这样的归宿其实是奢侈品。

5. 坚守的那批人

这里重点说的其实是一直在坚持的这批人。

在十多年的BIM泡沫期和下降期中,在经历了推广BIM所遇到的重重困难和层层抵触后,一批人开始意识到,继续以现有的解决方案在应用技术的企业层面,本质上其实推动不了这个技术的进步。所以这批人因为坚守而开始选择离开。

克莱夫·乔丹(Clive Jordan)选择离开业主方Irvine,创建了LOD-Planner,从项目策划方面推动BIM技术与项目业务流程的融合;布雷特·

赛特斯（Brett Settles）选择离开了设计方 Penta Engineering，加入 3Dream Team 协助其打造更符合设计业务协同需求的 Revizto；戴夫·麦库尔（Dave McCool）选择离开了施工方 McCarthy，加入 ProCore 协助其打造更加人性化的项目管理平台。

人-过程-技术是这批人反复提起的核心价值观。就像 SpectrumAEC 创始人、前 DPR Construction VDC Director-Nathan Wood 说的一样，我们行业往往喜欢提出一个技术概念，然后顺着这个技术制定新的工作流程，最后我们要求我们的管理人员来适应这个流程。

内森·伍德说：我们——人才应该是第一位的，最重要的。在工程管理行业，我们正确地推进科技的方式应该是：人第一，流程第二，技术第三。即：根据项目管理中人性的特征优化我们的工作流程，再让技术来适应我们的流程。

所以这批人的选择，其实是从传统地接受一个技术然后推广这个技术，转变成了从人性与需求出发，到技术的前沿来改造这个技术，从而让这个技术更好地被市场接受。

最后还要说的是，在坚守的这批人里还有坚持留在企业届的一大批人。我们也可以看到这批人企业思维的努力转变。在 Turner、DPR 等龙头企业，BIM/VDC 背后的业务逻辑逐渐开始从预建造转到范围更广的 Project Control。学习式建造、协作、协同……这些企业知道，不管迎接什么技术的到来，通过工程管理自身能力的提高带来的效益提升永不止步。

6. 结语

其实这并不是一篇悲观的文章。文章背后的事实情况是，美国第一批 BIM 人员不管走了哪条路，生活现状都是挺好的。就像前文所说的，就算是分包单位的深化设计专员（Detailer），都有着维持在中产阶级的收入待遇。

并不是所有的人都会成为 BIM 主管，并不是所有的人都会关心 BIM

技术的发展与存亡。

只有时间能给出答案。

（本文摘自 JoyBIM 微信公众号，本文摘录时已征得原文作者授权，引用有删改。）